U0518116

"十三五"国家重点出版物出版规划项目

 转型时代的中国财经战略论丛

污染产业转移的影响机理与利益均衡研究

张军峰　著

中国财经出版传媒集团

经济科学出版社
Economic Science Press

图书在版编目（CIP）数据

污染产业转移的影响机理与利益均衡研究/张军峰著.
—北京：经济科学出版社，2020.9
（转型时代的中国财经战略论丛）
ISBN 978 - 7 - 5218 - 1881 - 9

Ⅰ.①污… Ⅱ.①张… Ⅲ.①环境规划 - 影响 - 区域
经济 - 产业转移 - 研究 - 中国 Ⅳ.①F127

中国版本图书馆 CIP 数据核字（2020）第 174189 号

责任编辑：宋　涛
责任校对：刘　昕
责任印制：李　鹏　范　艳

污染产业转移的影响机理与利益均衡研究
张军峰　著
经济科学出版社出版、发行　新华书店经销
社址：北京市海淀区阜成路甲 28 号　邮编：100142
总编部电话：010 - 88191217　发行部电话：010 - 88191522
网址：www. esp. com. cn
电子邮件：esp@ esp. com. cn
天猫网店：经济科学出版社旗舰店
网址：http：//jjkxcbs. tmall. com
北京季蜂印刷有限公司印装
710 × 1000　16 开　8.5 印张　140000 字
2020 年 11 月第 1 版　2020 年 11 月第 1 次印刷
ISBN 978 - 7 - 5218 - 1881 - 9　定价：38.00 元
（图书出现印装问题，本社负责调换。电话：010 - 88191510）
（版权所有　侵权必究　打击盗版　举报热线：010 - 88191661
QQ：2242791300　营销中心电话：010 - 88191537
电子邮箱：dbts@ esp. com. cn）

总　序

　　山东财经大学《转型时代的中国财经战略论丛》（以下简称《论丛》）系列学术专著是"'十三五'国家重点出版物出版规划项目"，是山东财经大学与经济科学出版社合作推出的系列学术专著。

　　山东财经大学是一所办学历史悠久、办学规模较大、办学特色鲜明，以经济学科和管理学科为主，兼有文学、法学、理学、工学、教育学、艺术学八大学科门类，在国内外具有较高声誉和知名度的财经类大学。学校于 2011 年 7 月 4 日由原山东经济学院和原山东财政学院合并组建而成，2012 年 6 月 9 日正式揭牌。2012 年 8 月 23 日，财政部、教育部、山东省人民政府在济南签署了共同建设山东财经大学的协议。2013 年 7 月，经国务院学位委员会批准，学校获得博士学位授予权。2013 年 12 月，学校入选山东省"省部共建人才培养特色名校立项建设单位"。

　　党的十九大以来，学校科研整体水平得到较大跃升，教师从事科学研究的能动性显著增强，科研体制机制改革更加深入。近三年来，全校共获批国家级项目 103 项，教育部及其他省部级课题 311 项。学校参与了国家级协同创新平台中国财政发展 2011 协同创新中心、中国会计发展 2011 协同创新中心，承担建设各类省部级以上平台 29 个。学校高度重视服务地方经济社会发展，立足山东、面向全国，主动对接"一带一路"、新旧动能转换、乡村振兴等国家及区域重大发展战略，建立和完善科研科技创新体系，通过政产学研用的创新合作，以政府、企业和区域经济发展需求为导向，采取多种形式，充分发挥专业学科和人才优势为政府和地方经济社会建设服务，每年签订横向委托项目 100 余项。学校的发展为教师从事科学研究提供了广阔的平台，创造了良好的学术生态。

习近平总书记在全国教育大会上的重要讲话，从党和国家事业发展全局的战略高度，对新时代教育工作进行了全面、系统、深入的阐述和部署，为我们的科研工作提供了根本遵循和行动指南。习近平总书记在庆祝改革开放 40 周年大会上的重要讲话，发出了新时代改革开放再出发的宣言书和动员令，更是对高校的发展提出了新的目标要求。在此背景下，《论丛》集中反映了我校学术前沿水平、体现相关领域高水准的创新成果，《论丛》的出版能够更好地服务我校一流学科建设，展现我校"特色名校工程"建设成效和进展。同时，《论丛》的出版也有助于鼓励我校广大教师潜心治学，扎实研究，充分发挥优秀成果和优秀人才的示范引领作用，推进学科体系、学术观点、科研方法创新，推动我校科学研究事业进一步繁荣发展。

伴随着中国经济改革和发展的进程，我们期待着山东财经大学有更多更好的学术成果问世。

山东财经大学校长

2018 年 12 月 28 日

目　录

第1章　绪论 ……………………………………………………………… 1

  1.1　研究背景 …………………………………………………………… 1

  1.2　研究目的和意义 ………………………………………………… 3

  1.3　研究框架 …………………………………………………………… 6

第2章　污染产业转移的国内外研究 ……………………………… 8

  2.1　污染产业文献综述 ……………………………………………… 8

  2.2　经济增长与产业转移 …………………………………………… 9

  2.3　产业转移研究 …………………………………………………… 12

  2.4　贸易隐含碳研究 ………………………………………………… 15

  2.5　国际转移利益均衡研究 ………………………………………… 17

  2.6　小结 ……………………………………………………………… 20

第3章　污染产业转移的理论分析 ……………………………… 22

  3.1　产品周期理论 …………………………………………………… 22

  3.2　边际产业扩张理论 ……………………………………………… 23

  3.3　中心—外围理论 ………………………………………………… 24

  3.4　国际生产折衷理论 ……………………………………………… 25

第4章　污染产业界定及对环境影响 ……………………………… 26

  4.1　污染产业 ………………………………………………………… 26

  4.2　中国二氧化碳、二氧化硫和烟尘排放特征 ………………… 28

4.3　污染产业区际划分 ·· 32

4.4　模型构建与数据来源 ·· 36

4.5　污染产业转移对大气污染物影响研究 ···················· 41

4.6　小结 ·· 51

第5章　污染产业转移对于西部工业企业环境效率影响 ·················· 53

5.1　西部地区工业发展特点 ··· 53

5.2　西部地区工业企业环境效率研究 ······························ 54

5.3　污染产业转移对于西部地区工业企业环境效率
　　　影响研究 ·· 65

5.4　小结 ·· 69

第6章　污染产业国际转移碳排放机制研究 ···························· 71

6.1　模型构建 ·· 71

6.2　污染产业贸易进出口和外商直接投资特征分析 ·········· 74

6.3　污染产业隐含碳排放系数 ··· 82

6.4　污染产业国际转移隐含碳分析 ·································· 86

6.5　污染产业贸易隐含碳污染指数 ·································· 96

6.6　小结 ·· 98

第7章　污染产业国际转移利益均衡研究 ························· 100

7.1　污染产业国际转移利益非均衡根源分析 ············· 101

7.2　污染产业国际转移利益均衡实现机制 ··············· 103

7.3　环境规制对污染产业国际转移隐含碳影响研究 ········· 105

7.4　小结 ··· 113

第8章　结论与展望 ··· 115

参考文献 ··· 119

第1章 绪 论

经济全球化和一体化背景下，污染产业转移已经成为促进国家和地区产业结构调整、产业要素重新配置的重要途径。一方面，在中国国内，东部发达地区污染产业向中西部地区迁移，促进了发达地区产业转型升级和空间结构布局优化。对于承接地的中西部地区，促进当地资源要素合理配置、工业企业经济发展，拉动就业，带动经济增长。另一方面，中国积极融入国际分工进程中，国际跨国公司投资和国际贸易在中国蓬勃发展。与此同时，污染产业的国内外转移引起的环境问题不可小觑。第一，中国中西部地区环境承载能力比较脆弱，节能减排问题重视不够，超越环境承载能力极限，地区经济发展将不可持续。第二，作为世界上最大的贸易净出口国家，中国污染产业贸易出口是以自身能源资源消耗和环境污染为代价的，增加本国环境成本同时为其他国家承担了碳排放责任。第三，外商直接投资主要投资于污染密集型产业，使得中西部地区可能成为污染物转移"避难所"。

当前我国经济正处于由高速增长向高质量发展转变的关键时期，客观认识污染产业国内外转移变化趋势，准确评估国内污染产业转移对于大气污染物及中西部地区工业经济发展影响，探讨污染产业外商直接投资和贸易进出口隐含碳现状，以及污染产业国际转移的利益均衡问题，对于正确引导污染产业国内外转移，科学制定针对性的政策措施，实现中国经济可持续、低碳发展具有重要的现实意义。

1.1 研 究 背 景

经过改革开放40多年的快速发展，中国经济发展已经取得了显著成就。2016年，国内生产总值达到11亿美元，位居世界第二位，占全球国内生产总值 14.76%[①]。然而，中国经济快速增长带来了能源和环境过度损耗。2015 年，中国化石能源消费占世界消费总量高达 22.9%[②]。自 2008 年以来，中国成为世界上最大的二氧化碳排放国。2013 年，中国排放了全世界 26.4% 的二氧化碳（CO_2）[③]。并且自从 2012 年以来，中国东部地区出现了严重雾霾天气，对中国经济社会发展、人类健康和大气环境造成了严重影响。

为了积极应对全球环境问题，实现中国经济和环境健康、协调、可持续发展，2015 年 12 月，中国在巴黎签署《巴黎协定》，并承诺与 2005 年相比，到 2030 年中国单位国内生产总值的二氧化碳排放量下降 60%～65%。非化石能源在一次能源消费中的占比达到 20% 左右。中国《"十三五"节能减排综合工作方案》提到，与 2015 年相比，2020 年全国万元国内生产总值能耗将要下降 15%，能源消费总量控制在 50 亿吨标准煤以内。

污染产业的国内外转移促进中国产业结构调整，优化生产要素的空间配置、协调各区域经济快速增长。在中国国内，由于各个省份存在着工业基础、资源禀赋、产业分工以及要素成本等诸多因素的差异，中国呈现出东部地区经济快速增长，中西部地区经济发展相对滞后不平衡的现象。近年来，东部地区不断加快经济转型，实现经济与环境协调发展。而欠发达的中西部地区则想借自身资源丰富以及要素成本低等比较优势，加速产业转移的承接，从而实现地区的经济增长。东部地区污染产业不断向中西部地区迁移。国家十分重视区域经济协调发展，2001 年，中国提出并实施了"振兴东北老工业基地""中部崛起"和"西部大开发"等发展战略，借助产业梯度转移实现产业空间结构调整。2010 年，国务院颁发《国务院关于中西部地区承接产业转移的指导意见》，指出借助西部地区丰富资源和成本要素，促进东部地区产业结构调整。这些政策推动了污染产业转移的进程。

在国际分工进程中，国际贸易为经济全球化过程中高效地分配各种资源（如能源、资本、技术、产品和服务）提供了有效途径。中国是

① UNCTAD. World Investment Report：Investor Nationality：Policy Challenges ［R］. 2017.
② BP. BP statistical review of world energy ［R］. 2017.
③ Olivier J., Janssens - Maenhout G., Marilena M. Trends in global CO_2 emissions 2013 report ［R］. 2013.

全球最大的贸易净出口国。中国对外贸易总值从 2001 年的 0.57 万亿美元增长到 2016 年的 4.15 万亿美元，增长了 7.3 倍，在世界贸易总额中的比重也由 2001 年 7.42% 增长到 2016 年的 10.2%[①]。作为全球最大贸易出口国，中国的出口产业主要集中在能源、污染密集型产业。这种以出口为导向的发展模式促使中国成为所谓的"世界工厂"。中国出口了大量"中国制造"的产品和服务，推动了中国经济增长同时服务了全球消费者。与此同时，在全球价值链体系下，跨国公司纷纷来中国投资设厂。2014 年，中国的外商直接投资达到了 1263 亿美元，占世界对外投资 36%，在外商直接投资方面排在发展中国家之首。外商直接投资已逐渐成为中国经济发展最重要的推动力之一。

　　污染产业国内外转移带来地区生产要素结构的变化，不可避免地会引起要素集聚程度的升高或降低，在影响企业整体生产效率的同时，还将作用于地区的能源消耗和污染排放。在中国国内，污染产业区际转移可能加剧中西部地区环境污染和能源消耗，破坏中西部地区生态环境。在国际贸易过程中，由于消费者、污染物（如 CO_2、SO_2 等）生产者和消费品的提供者在地理位置上是分离的，国际贸易将消费相关的污染物转移到其他国家或地区，从而引起了全球碳排放问题。在过去 20 年，1/4 碳排放量与国际贸易生产行为有关（Peters et al.，2011）。作为世界上最大的碳排放国家，中国的贸易进出口隐含碳问题一直备受关注。中国是对外贸易净隐含碳出口，且对外贸易净出口碳排放量在中国碳排放量中比值高达 22%（Qi et al.，2014），中国为其他贸易伙伴国家承担了碳排放责任，有效降低了这些国家碳排放和环境成本，却增加了本国环境外部性。中国对外贸易隐含碳排放量主要来自能源、污染密集型产业。需要注意的是国外的跨国公司主要投资于中国污染密集型产业，在促进中国经济发展的同时可能对中国环境造成了影响。

1.2　研究目的和意义

　　首先，关于污染产业界定主要是从比较污染成本消减、污染排放强

---

① UNCTAD. World Investment Report：Investor Nationality：Policy Challenges［R］. 2017.

度、污染物排放规模以及污染物对身体健康方面影响，或者是根据国务院办公厅在印发的《第一次全国污染源普查方案》定义污染产业。尹等（Yin et al.，2016）利用污染强度指数公式，从废水、废气和固体废物角度对污染产业进行定义。然而，当前中国面临严重大气污染问题，中国已经是世界上二氧化碳和二氧化硫气体最大排放国，并且烟尘是构成中国雾霾天气的重要因素。而污染产业是二氧化碳、二氧化硫和烟尘的主要排放源。然而，当前没有学者从大气污染角度（CO_2、SO_2 和烟尘）对污染产业进行界定。

其次，关于产业转移区域划分，国内外学者主要是根据产业竞争力指数衡量工业转移情况，利用熵指数划分东部地区、中部地区及西部地区污染产业转移情况或者根据各省工业总产值所占份额及其变动趋势来反映省际工业产业转移状况。部分学者基于跨区域投入产出方法从静态方面衡量了中国污染产业转移趋势，结果显示中国污染产业主要是从东部沿海地区转入西部和北部内陆地区，西北和东北地区是中国污染产业中主要接收地。然而，当前学者没有从动态角度对中国污染产业转移区域进行区分。

国内外污染产业转移促进了中国区域经济发展。在中国国内，由于环境要素的区域差异，环境污染外部性的内在差异以及环境意识差异，环境污染物在伴随产业转移的过程中同时产生。特别是原材料密集型和劳动密集型产业的空间重置将会引起产业过程中碳转移发生。然而，产业转移引起的经济特征与碳排放转移趋势并不完全一致。许等（Xu et al.，2017）利用动态面板模型研究了中国区域碳转移变化情况，结果表明，工业产业转移与工业碳排放存在倒 U 曲线关系。在到达转折点之前工业转移每增加 1%，工业碳转移就会增加 0.327%，但超过峰值后，工业转移将会带来工业碳转移 0.07% 下降。并且发现中部地区承接了大量二氧化硫、烟尘和废水等污染物转入。此外，张俊和林卿（2017）通过对比产业转移各因素弹性，并与国际产业转移对比，得出中国国内区域产业转移增加了碳排放。然而，污染产业转移对于大气污染物影响机理尚不明确，当前没有学者研究中国污染产业转移对于空气污染物（CO_2、SO_2 和烟尘）的影响情况。

伴随着西部大开发战略以及西部地区承接污染产业转移政策实施，西部地区工业经济实力有了很大的提升，西部地区基础设施和生态环境建设也有了突破性进展，人民生活水平提高显著。与此同时，大量高污染、高排放行业，如金属冶炼与制造业、电力生产与供应业、采矿业等伴随产业转移已经转移到西部地区，在促进西部地区工业经济增长的同时，其对工业企业环境效率影响不可忽视。如果忽视产业转移对西部地区工业企业环境效率的影响，就不能真实地反映污染产业转移对西部地区经济和环境可持续发展的影响。刘辉和李志翠（2013）研究得出西部地区工业企业环境效率呈现出不规则的变化趋势，环境污染对于西部地区环境效率具有地区差异。当前研究中国西部地区工业环境效率主要是从全国角度进行探讨。然而，由于中国不同区域的工业经济基础和能源消费结构存在不平衡特征，导致不同地区之间的环境效率差异较大。但当前没有学者从污染产业转移视角，分析污染产业转移对于西部地区工业企业环境效率的影响情况。

在全球化背景下，国际贸易应该在公平条件下加强不同国家之间的联系。目前，由于不同的资源禀赋贸易政策差异，不同国家面临着不同的资源和环境挑战。以前的研究表明，即使贸易在金钱上似乎是平衡的，由于本国货币的购买力不同，它在资源交换方面可能存在不平等。因此，贸易资源和相关环境的环境质量也存在不平衡成本，具体体现在能源、水、土地、生态系统服务等方面。大部分学者对于国际贸易隐含碳排放研究主要是从一国进出口贸易角度和两国双边贸易角度进行探讨。而对于外商直接投资研究，学者主要是研究外商直接投资与中国碳排放之间的关系。但目前没有学者从国际贸易和外商直接投资角度研究中国污染产业隐含碳排放和经济收益的均衡情况。

伴随着国际转移隐含碳问题日益突出，如何实现国际转移利益均衡问题引起学者关注。目前学者主要运用指数分解和结构分解方程形式研究能源强度、能源利用结构、结构因素、规模因素、技术因素、最终需求、中间品投入与隐含碳之间的关系。钟等（Zhong et al.，2018）利用空间计量回归模型研究了全球隐含碳排放影响因素，结果发现清洁能源、中间产品投入和最终产品需求有利于全球隐含碳排放减少。但目前没有学者从国际贸易和外商直接投资角度研究污染产业国家转移利益均衡实现机制。

基于此，本书旨在分析中国污染产业转移的影响机理与利益均衡情况。研究目的主要包括：第一，构建污染产业国际转移利益均衡理论框架，并从环境规制角度实证分析中国污染产业国际转移利益均衡影响因素，为中国产业国际转移利益均衡实现机制提供政策和实际依据；第二，分析中国污染产业国际转移隐含碳排放情况，并对比分析污染产业国际转移经济利益，揭示污染产业国际转移经济收益和环境效益非均衡问题；第三，通过分析污染产业转移与大气污染物（CO_2、SO_2和烟尘）之间的关系，探讨中国污染产业转移对于空气污染物的影响机制。

本书研究意义主要体现在以下几个方面：

第一，提出了污染产业国际转移利益均衡问题的研究框架。目前为止，没有学者对于国际转移利益均衡问题提出系统的理论分析框架，仅从影响因素角度对隐含碳问题进行分析。本书从国际转移利益不平衡现状、不平衡根源以及利益均衡实现机制方面构建了污染产业国际转移利益均衡研究框架，并从环境规制实证角度探讨了中国污染产业国际转移利益均衡的实现机制，具有理论和现实创新性。

第二，从对外贸易和外商直接投资角度研究污染产业国际转移隐含碳排放问题具有现实意义。国际转移隐含碳排放问题及其实现机理成为当前学者研究的重点。然而，当前学者主要是从国际贸易角度研究隐含碳问题，没有考虑外商直接投资隐含碳排放情况。基于此。本书从对外贸易和外商直接投资角度衡量污染产业国际转移隐含碳问题，从而为政策制定者解决国际转移下的经济收益和环境成本利益不平衡问题提供政策依据。

第三，从中国角度分析了污染产业转移对于大气污染物和西部地区工业企业环境效率影响情况。近些年，中东部地区不断进行产业结构调整，大量污染产业转移到中西部地区。然而，目前污染产业转移对西部地区工业企业环境效率以及对中国污染物排放影响情况尚不得而知。基于此，本书从污染产业转移角度，分析了污染产业转移对大气主要污染物和西部地区工业企业环境效率的影响情况，为污染产业国内转移情况提供现实参考意义。

1.3　研　究　框　架

全球气候变化背景下，污染产业区际转移影响机理尚不明确，其国际转移引起环境效益和经济利益不均衡问题十分突出。第一，本书从大气污染角度构建污染排放强度指数，利用污染排放强度指数，对污染产业进行了定义。从动态角度，利用区位熵指数划分了中国污染产业转入区和污染产业转出区。第二，从国内区际转移视角，首先利用静态面板和动态系统 GMM 模型分析了 2003～2015 年中国 30 个省份污染产业转移对 CO_2、SO_2 和烟尘污染物排放的影响情况。第三，利用 Slacks-based measurement（SBM）模型和 Malmquist – Luenberger 指数分别从静态和动态角度测算了 2003～2015 年西部地区 11 个省份工业企业环境效率，并用 Tobit 模型分析了污染产业转移对于西部地区工业企业环境效率的影响。第四，从国际转移视角，利用非竞争型投入产出模型，测算了中国污染产业进出口贸易和外商直接投资隐含碳排放情况，与污染产业国际贸易和外商直接投资经济效益对比分析，并利用进出口贸易隐含碳指数分析了中国污染产业进出口贸易对环境影响。第五，本书构建了污染产业国际转移利益均衡框架。并从环境规制角度分析了中国污染产业国际转移利益均衡实现机制。本书具体研究框架如图 1 - 1 所示。

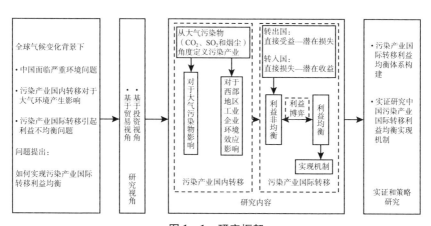

图 1 - 1 研究框架

第2章 污染产业转移的国内外研究

2.1 污染产业文献综述

污染产业（pollution industries）通常是指生产过程产生的污染物没有经过任何处理直接排放到大气中，对人体健康、动植物生命以及环境质量产生重大影响的产业。当前学者对于污染产业的衡量和划分存在争议，目前没有达成统一标准。当前研究中存在的界定污染产业的方法主要有以下几种：第一种定义为污染成本消减比较法。托比（Tobey，1990）将美国所有行业中直接或者间接的污染成本治理费用大于或者等于总的治理成本 1.85% 界定为污染产业，按着此衡量标准，美国污染产业主要包括：采矿业、化工行业、金属制造业和造纸业。1992 年，洛和耶特（Low and Yeat）将污染产业界定为污染控制成本在总销售额中占比大于 1% 的产业。主要包括：金属制造业、造纸业、化工行业、石油焦化业和非金属矿产品制造业。1991 年，格罗斯曼和克鲁格（Grossman and Krueger）以美国工业产业为例，按照行业污染治理成本与行业增加值比重大小来界定污染行业。第二种方法按照污染排放强度，即单位产出污染物排放量大小定义污染产业。卢卡斯等（Lucas et al.，1992）将金属制品、非金属矿物制品、纸浆和造纸化工行业定义为污染产业。1998 年，霍汶希和惠尔（Mani and Wheele）按照上述方法通过核算界定污染产业有 5 种，包括：有色金属、化工、钢铁、造纸和非金属矿物行业。赵西康（2003）将电力生产和供应业、煤气和水、采矿业、造纸业等 9 个行业定义为污染行业。第三种方法按照行业污染物排放规模界定污染产业。巴迪克（Bartik，1988）将污染产业定义为行业产生空气污染物排放量与全部产业产生空气污染物排放总量之比超过 6% 的行业，包括：化工、造纸、石油精炼和印刷行业。贝克尔和亨德森（Becker and Henderson, 2000）将污染产业定义为挥发性有机化合物（VOC）和氮氧化物排放量在总排放量占比超过 60% 的行业。包括：工业有机化工、杂项塑料制品业、金属罐和桶业、木制家具业、商业印刷业、雕刻印刷以及汽车和汽车车身制造业。此外，夏（Xia, 1999）根据排放污染物对人体健康及环境影响情况，将煤炭开采业、石油化工业、黑色金属开采等 22 个行业界定为污染密集型产业，并且将包括纺织工业、皮革、毛皮制品、造纸工业等界定为重度污染产业。在中国比较权威关于污染产业界定是 2006 年国务院办公厅印发的《第一次全国污染普查来源方案》，将包括造纸和纸制品、石油加工和炼焦、黑色金属冶炼和压延、有色金属的冶炼和压制等 11 个行业界定为污染产业。尹等（2016）根据污染强度指数公式结果定义污染产业，污染产业包括：非金属矿产品、黑色金属冶炼和压延、石油加工和焦化、煤矿开采、有色金属开采和黑色金属开采等 13 个行业。

2.2　经济增长与产业转移

2.2.1　产业转移衡量

产业转移研究始于 20 世纪 30 年代，随后相关研究领域不断出现，例如：知识转移，全球生产网络，竞争优势，产业梯度转移等。目前，学术界尚未就如何衡量产业转移达成一致意见，目前许多研究仅仅反映了产业转移的过程，并没有体现产业转移从一个地区到另一个地区的真正意义。对于污染行业的转移，一些研究人员使用术语"污染企业的位置"，专注于研究突出政治问题，例如：通过设定相关的法律法规测量污染工厂（工业、商业或制造商）的位置。亨德森（1996）通过工厂股票价格上涨和下降来描绘产业变化情况。实际上，这两种方法只是衡量一个地区污染行业的增减情况，并没有具体信息关于行业流动或建立和倒闭分析。贝克尔和亨德森（2000）创立了一个污染行业产生模型来解决产业流动问题。基于两种环境规制不同的区域，他们评估了污染产业在不同地区之间地点转移的假设。范剑勇（2004）比较了几个行业指数在时间和空间维度上的变化，包括结构性差异的相关指标和平均值的变化用来衡量区域制造业的行业空间集中度、市场份额变化。冯根福等（2010）采取了区域工业增加值占全国工业增加值比例的变化情况来衡量产业转移情况。张公嵬和梁琦（2010）选择了赫芬达尔指数、区位商指数和工业绝对份额来衡量产业转移情况，但他们无法衡量产业转移在地区之间变化情况。成艾华等（2013）根据中国 30 个省份工业总产值及其变动情况，将中国 30 个省份划分为产业净转出去、产业净转入去和其他中西部地区。尹等（2016）应用跨区域投入产出模型不仅研究了中国污染产业转移总体转移情况，并且对于污染产业转移路径进行了分析。许静等（2017）根据中国 30 个省份工业增加值变动情况和各个省份累计发展特征，将中国 30 个省份划分为产业转出区、产业强转出区和产业弱转出区。

2.2.2　环境库兹涅茨曲线

20 世纪 90 年代，环境库兹涅茨曲线（Environmental Kuznets Curve，EKC）成为衡量收入与环境退化之间关系的主要指标。贝克曼（Beckerma，1992）首先提出"太贫穷、太绿色"说法，该说法意味着穷国没有资源和能力保护环境，只有富裕国家才有资源植入绿色技术来解决环境问题。世界发展报告中阐述经济增长可以克服其自身发展所带来的环境问题。这些研究奠定了 90 年代初收入、环境关系文献的基础。期初，研究者研究得出收入与污染之间关系呈非线性倒 U 曲线形状。随后很多学者研究发现环境与经济增长之间存在倒 U 曲线关系。换句话说，随着收入或产出或人均国内生产总值的增加，环境退化会逐渐上升，直到达到峰值或临界点，然后环境退化才会开始出现下降。

当前关于 EKC 研究主要分为两类，第一类是关于国别研究。在对 EKC 假说的分析中，很多学者利用不同的估算模型研究了二氧化碳排放量与人均收入之间的关系。第二类是基于不同背景研究，结果显示出不确定性。一些学者通过在使用不同变量，不同数据跨度，不同估计方法和技术，研究得出环境库兹涅茨曲线或 U 形曲线假设存在。另一些学者研究发现环境和经济之间不存在 EKC 假说。

关于多国 EKC 研究，研究者发现环境和经济之间存在不同关系。沙菲克（Shafik，1994）研究全球经济发展和环境之间的关系，研究结果显示二者之间存在 N 形单调曲线关系。保和蔡（Pao and Tsai，2010）探讨金砖国家（中国、俄罗斯，巴西和印度）污染物排放、能源消耗和收入之间的动态因果关系。结果表明长期看，能源消费与二氧化碳排放量以及能源消费量与收入之间存在双向因果关系；短期看，二氧化碳排放量和能源消耗量分别都与收入存在单向因果关系。法尔哈尼和沙巴兹（Farhani and Shahbaz，2014）通过分析 1990～2010 年 10 个中东和北非（MENA）国家的两种不同的 EKC 增长模式，调查了环境和经济增长的关系。并通过使用面板数据分析，结果验证了 EKC 模式的存在。

2.2.3　环境规制与污染产业区位选择

环境规制对于产业转移区位选择至关重要。当前，研究发现环境规制对于污染产业位置选择结论是不一致的。部分学者认为污染产业位置选择受到宽松环境规制影响。格雷（Gray，1997）利用美国 1963～1989 年新工厂的微观数据，用各种方法（例如，条件 logit 模型、泊松分布、固定效应、随机效应）估计环境调节对制造业活动位置的影响。估算结果证实了环境监管与行业地点之间存在显著正相关关系。工厂倾向坐落于环境规制监管相对宽松的地区。与此同时，兴和科尔斯塔德（Xing and Kolstad，2002）研究发现，东道国家宽松环境规制政策能够吸引诸如化工和金属行业进入。例如，在执行美国清洁空气法案后，20世纪 70 年代的修正案（CAAA），发现了美国新的污染密集型产业位置与空气质量监管严格之间存在反向关系。穆拉图等（Mulatu et al.，2010）研究发现环境规制对于欧洲 13 个国家高水平污染产业位置起到了显著的负面影响。钟（Chung，2014）研究得出韩国的污染密集型企业已经迁移到了环境规制宽松的国家。然而，一些研究者却支持严格的环境规制吸引污染产业的假设。托莱和库普（Tole and Koop，2010）研究发现，黄金矿业公司被吸引到环境规制相对严格的地区发展。沈等（Shen et al.，2017）研究中国广东省污染产业区位选择情况，结果发现广东省数百家污染产业将他们的业务从更发达的珠江三角洲转移到珠三角周边非珠江三角洲。从结果可以看出政治和分类变化环境监管在污染产业区位选择决策中起着至关重要的作用。郑和石（Zheng and Shi, 2017）研究发现排污费和公众参与等政策工具鼓励产业转移，而法律、法规和规章等环境政策工具则阻止了污染企业的搬迁。这些研究结果表明，污染天堂假说的有效性与环境政策的类型以及工业特性之间存在着联系。

2.3　产业转移研究

2.3.1　产业区际转移研究

产业转移是实现东部地区产业结构调整和西部地区经济环境可持续发展的重要途径。尤其在新常态下，跨区域产业转移已成为实现中国工业化和城市化的重要推动力量。跨区域转移过程中伴随有污染物产生。因而，跨区域转移与环境之间的关系成为学者的关注重点。肖雁飞等（2014）、刘等（Liu et al., 2015）和张等（Zhang et al., 2016）研究得出，中国的西北部、东北部和中部地区承担了来自其他地区的高碳排放量行业。冯等（Feng et al., 2012）认为，不仅先进技术，重要的是污染行业转移有利于东部沿海地区"绿化"效应实现。梁等（Liang et al., 2016）发现较不发达的中西部地区受到东部沿海地区的碳排放转移的影响。蒋等（Jiang et al., 2015）研究表明，中国的碳转移导致更多的"效率损失"而不是"效率增益"。然而，一些研究人员持相反的观点。李平星和曹有挥（2013）发现产业转移对于泛长江三角洲地区的核心和周边地区的碳减排效果。魏等（Wei et al., 2012）研究表明西部地区的碳减排效率更高，并且减排成本较低。刘等（2016）认为工业碳排放低的省份与其各地区之间的碳排放强度有关，可以成为其余省份的典范。另外，部分学者认为产业转移对于环境质量的提高存在不确定性。姚从容（2016）研究得出通过产业集聚与环境之间的关系具有不确定性、阶段性和交替性。廖双红和肖雁飞（2017）采用区域间投入产出表研究了污染产业区域间转移的碳排放情况，结果表明产业转移并不是碳污染增加的唯一原因，产业转移对于不同地区碳减排效应是有差异的。许等（Xu et al.，2017）利用动态面板模型研究了中国区域碳转移变化情况。

2.3.2　国际产业转移研究

很多产业的生产过程会产生污染物导致在产业转移过程中，引起污染物不同程度的转移和扩散。"污染天堂假说"为污染行业倾向于从法律法规严格的国家或者地区转向环境法规相对宽松的国家或者地区提供依据。污染避难所的理论研究主要来源 H - O 模型，发展中国家环境成本内部化程度低、环境规制标准低是导致污染产业从发达国家向发展中国家转移的主要原因。污染产业转移主要有两种形式：国际贸易和外商直接投资。

从国际贸易角度，科普兰德和泰勒（Copeland and Taylor，1994）正式制定了南北一般均衡模型，明确了国际贸易与污染之间的关系。在他们的模型中，北方是一个收入较高的高度发达国家，而南方是一个收入较低的欠发达国家，两国都采用污染税作为环境法规政策工具。他们的研究表明，在自由贸易的情况下，发达国家将选择实施高额污染税。这反过来迫使所有的污染行业都位于污染税相对较低的欠发达地区。随后的研究进一步扩展了科普兰德和泰勒的模型，并提出了更详细的框架，并为污染天堂假说提供了强有力的理论支持。洛佩斯等（López et al.，2013）证实在中国和西班牙两国贸易中存在污染者天堂假说。张等（Zhang et al.，2014）通过对比分析中国二氧化碳排放量情况，发现中国仅在 2002 年的污染天堂假说成立了。苏和昂（Su and Ang，2014）提出中国发达地区是碳排放的净进口国，而发展中地区则是来自地区间和国际双边贸易的隐含碳排放净出口国。尽管如此，关于污染避难所的实证研究结果相对具有争议性。杰普森等（Jeppsen et al.，2002）详细回顾早期的实证研究，他们总结说，大多数这些研究都使用美国的横截面数据，并且发现证明的污染假说是牵强的。格雷瑟等（Grether et al.，2015）在 20 世纪 80 年代发现环境政策的差异对世界贸易的污染避难所构成部分影响。李和刘（Li and Liu，2010）提出从发达国家转移清洁产业可能会减少中国的二氧化碳排放量。谭等（Tan et al.，2013）研究发现中国和澳大利亚之间对外贸易不存在污染避难所假说。迪特森巴赫等（Dietzenbacher et al.，2012）认为如果将加工产品从正常出口中区分开来，中国出口隐含排放量被高估超过60%。

国际生产折衷理论认为，国外丰富的区位优势是促使国际产业转移的主要动因。跨国公司必须拥有自己的独特优势，才能在和东道国企业竞争中弥补国际生产成本优势。然而，近些年，跨国公司在取得成本优势的同时，对于东道国环境影响日趋加重。对这种关系的研究一直受到矛盾的困扰和模糊的实证结果的影响。现有文献倾向于集中对这种关系的三种完全不同的理解。第一种和普遍的观点是，外国直接投资对环境污染的影响遵循污染避难所假说。沃尔特和乌格洛（Walter and Ugelow，1979）是第一个提出将环境视为生产要素的观点，认为环境监管的差异是资本流动的重要刺激因素。随后，科勒（Cole，2004）根据污染天堂假说进行了实证分析，并得出结论认为，外国直接投资确实加剧了环境污染。何（He，2005）研究得出中国各个省份外商直接投资与环境规制存在负相关系。近年来，一些研究在估计外商直接投资对环境的影响时考虑其他控制变量，包括：对外贸易开放度、经济增长、城市化和能源消耗等。第二个普遍观点是外商直接投资造成了东道国或地区环境水平下降，但也有利于改善区域环境条件。总体而言，此前关于这一重点的研究表明，伴随外国直接投资流入的绿色技术的进步可以促进能源效率的快速提高，从而减少二氧化碳排放。这些研究倾向于首先用规模报酬递增的方式描述外商直接投资的生产和污染物控制行为。因此，外国直接投资能够提高收入水平，并因此改善环境质量。其次，这组研究表明，与当地企业相比，外资企业普遍实行统一严格的环境标准，因此，海外投资减少了当地污染排放水平。另外，还有研究还指出，外资企业实施的国际环境标准可以促进东道国环境技术的发展。最后，外国直接投资提供的新技术已被证明有利于促进环境质量改善。李（Lee，2009）提出了环境效应分解，他认为与外国直接投资有关的环境污染的复杂传播机制是存在的。因此，他们将外商直接投资的分析分解为规模、技术和综合效应。目前大部分研究表明，规模效应导致环境质量恶化，而关于技术和综合效应没有达成统一共识，这可能是由于我们研究范围包括不同研究对象和方法原因。兰等（Lan et al.，2012）估计对外直接投资对于中国环境污染的影响情况。结果表明，外国直接投资对污染物排放的影响严重依赖于在人力资本低的省份的人力资本存量水平。并且研究发现外国直接投资与污染排放保持负相关。相反,外国直接投资与污染排放水平呈正相关。另外,刘等(Liu et al., 2018)研究了中国 285 个城市外商直接投资和环境污染的空间集聚效应和动态变化,结果发现外国直接投资在一定程度上减少了烟尘和烟尘污染,同时增加了污水和二氧化硫的污染程度。

2.4　贸易隐含碳研究

2.4.1　贸易进出口隐含碳分析

衡量对外贸易进出口隐含碳方法有很多种,由列昂惕夫提出的投入产出模型成为主要的研究方法(Leontief, 1936)。最初,这种方法被用来分析经济领域投入和产出之间的关系。直到 20 世纪 60 年代,一些研究人员才开始将这个模型应用于能源和环境领域,现在已经有了广泛的应用。威科夫和鲁普(Wyckoff and Roop, 1994)利用投入产出方法测算了经合组织国家(美国、德国、法国、日本、加拿大和英国)制造业进口中隐含碳排放量情况,结果表明 6 国制造业进口贸易隐含碳为 3 亿吨,在全球总碳排放量中占比约为 13%。考虑到不同的假设,投入产出模型通常分为两种类型:(1)单区域投入产出(SRIO)模型。马查多等(Machado et al., 2001)应用单区域投入产出方法评估巴西对外贸易过程中隐含碳情况,结果表明巴西对外贸易中产生总的隐含碳排放量为 1350 万吨。这些发现意味着巴西决策者应该关注国际的贸易政策对于该国的二氧化碳排放量产生的额外影响。曹彩虹和韩立岩(2014)研究得出中国通过依靠进口碳降低本国经济总碳量的趋势,可以看出对外贸易对中国环境起到了积极改善作用。(2)多区域投入产出(MRIO)模型。对于 MRIO 模型,彼得斯和赫特威奇(Peters and Hertwich, 2008)将其视为两种方法:体现在双边贸易中的排放方法和 MRIO 方法。双边贸易方法仅考虑两个有关地区之间的直接贸易总量,并采用每个地区的单区域投入产出表。刘等(Liu et al., 2010)研究中日对外贸易隐含碳排放量和双边贸易对二氧化碳排放量的影响,并采用传统的投入产出模型进行了情景分析。研究结果发现从 1990~2000 年中国向日本是净隐含碳排放出口国。于和陈(Yu and Chen,2017)基于投入产出方法测算了中国和韩国双边贸易隐含碳排放,结果表明中韩两国隐含碳排放顺差不是由贸易顺差造成的。文章进一步指出,纺织和皮革工业,化工制造业和金属制造业是贸易进口和出口碳排放的主要部门。而 MRIO 方法则基于全球多区域投入产出表分析全球生产系统。韦伯和马修斯(Weber and Matthews,2007)采用多区域投入产出表分析了美国与 7 大贸易伙伴之间贸易总量以及贸易结构变化对于环境造成的影响。结果可以看出,进口贸易量增加和贸易方式转变导致美国隐含碳排放量大幅增加。据估计,美国进口的二氧化碳总体含量从 1997 年的 0.5 亿~0.8 亿吨二氧化碳增加至 2004 年的 0.8 亿~1.8 亿吨二氧化碳,分别占 1997 年美国二氧化碳排放总量 9%~14% 和 2004 年排放总量 13%~30%。

碳排放责任的公平界定是各国和地区制定碳排放政策的基础和依据,也是保证碳排放政策高效运行的重要前提。对于隐含碳计算主要有两种方法:生产者原则和消费者原则。生产者责任是以国界为原则,一国生产活动导致的碳排放责任应该由该国进行承担,无论产品在哪个国家消费或者哪个国家占有最终需求。然而,由于发展中国家与发达国家在国际分工、经济结构方面的差异,使得发展中国家无疑要承担更多的碳排放责任,这是不公平的。从消费者角度,产品隐含碳排放分配到产品的消费者。从消费者责任角度核算隐含碳排放,增加了发达国家的碳排放责任,降低了发展中国家承担的碳排放责任,有利于减少碳排放。彼得斯和赫特威奇(2008)从消费者角度估算了 2001 年 87 个国家在国际贸易中隐含二氧化碳排放量。结果表明,国际贸易中有超过 5.3 亿吨隐含二氧化碳排放量。但消费者责任能够减轻碳泄漏问题,可能存在着出口国家或出口产业碳排放效率低下的问题。

2.4.2 外贸隐含碳驱动因素研究

基于环境投入产出模型的结构分解分析(SDA)是识别贸易中碳排放驱动因素的首选方法。SDA 的优点在于,该方法考虑了驱动因素的直接和间接影响。在 SDA 中可以使用加法或乘法分解形式,其结果在总体和分解（例如，区域或部门）层次上是相似的。但是，由于部门层面的建模和结果解释困难，乘法 SDA 不太常用。为了解决这些问题，苏和昂（Su and Ang，2015）提出为乘法 SDA 输入模型，并将归因分析引入乘法 SDA 中以得出部门效应。分解结果中的残余项和等价分解形式的存在是早期添加 SDA 文献的限制。许等（2011）考察了中国对外贸易中隐含碳排放的驱动因素；尤其是，2014 年，苏和昂考虑了正常和加工出口之间的差异。提供了中国与其主要贸易伙伴双边贸易中体现的碳排放变化的分解。赵等（Zhao et al.，2016）采用结构分解分析方法研究了 1995～2009 年中美贸易中碳排放的驱动因素。结果表明中间产品在国内的贸易结构和国内最终产品的出口市场份额对中国向美国出口所体现的碳排放增量产生了积极影响。美国对华出口中体现的碳排放增量主要来自"国外需求总量"。

另一种主要驱动方法是对数平均迪氏指数（LMDI）方法。昂和催（Ang and Choi，1997）首次提出了一个没有剩余项的完美分解，后来被称为对数平均迪氏指数 II（LMDI II）。但是，LMDI II 在聚合方面并不一致。因此，昂和刘（Ang and Liu，2001）进一步提出了一种称为对数平均迪氏指数 I（LMDI I）的新方法来区分（LMDI I 和 LMDI II）。目前广泛使用的 LMDI 方法通常被称为 LMDI I，主要用于分解二氧化碳排放变化。

2.5 国际转移利益均衡研究

2.5.1 国际转移环境成本与经济收益研究

生态经济学认为，资本和商品的自由流动加剧了竞争，降低了效率、分配公平性和生态可持续性的标准，引起了全球环境的退化问题出现，国际转移是其主要载体。出口商通过国际贸易增加了经济收益，同时带来了包括温室气体和污染物增加。与一国从国际贸易中获得的经济利益相比，环境成本有多大？最初思想来自安特韦勒（Antweiler，1996）研究大范围的污染物（二氧化硫，二氧化氮，二氧化碳、铅等）

得出一个自相矛盾的结论，与贫穷国家相比，富裕国家污染贸易污染指数相对较大。科勒和艾略特（Cole and Elliott，2003）只能部分证实贸易有利于环境，这种差异说明了在估算技术和数据需求方面研究贸易与环境之间因果关系是非常困难的。格雷瑟和马西斯（Grether and Mathys，2013）提出修订后的污染贸易条件（Pollution Term of Trade，PTT）指标，PTT 指标代表出口增加值每美元平均污染含量与进口增加值每美元平均污染含量之比。它衡量一个国家相对于其贸易伙伴的环境成本（通过排放量来衡量），以便通过整理全球生产链的复杂性来获得与出口相同的经济收益（通过增加值来衡量）。PTT 指标增加表明该国支付更多的环境成本以获得相同的经济收益。普雷尔和冯（Prell and Feng，2015）将每个国家的全球排放份额与该国在美国全球消费价值链中产生的增值份额进行比较。结果发现发达国家的增值份额往往高于污染水平，而发展中国家则相反，证实了生态不平等交换的存在。这项研究与他们分享类似的动机研究环境成本与贸易带来的经济收益关系。胡建波和郭风（2017）测算了中国 2002～2012 年进出口产品 PTT 指数变动情况，结果表明中国进出口产品 PTT 指数呈现出先增加后减少趋势，并且 PTT 数值都大于 1。段和蒋（Duan and Jiang，2017）研究了中国环境成本相对于其国际贸易带了经济收益之间的关系。结果中国的 PTT 大于 1，表明相对于贸易伙伴中国产生更多碳排放量来获得出口单位增加值。中国的 PTT 指数呈现出先下降后上升趋势。进一步研究表明，技术进步是降低 PTT 的主要动力，而全球贸易模式的改变是增加 PTT 的主导力量。

2.5.2 国际转移利益均衡实现机制研究

为解决贸易竞争力问题和隐含碳排放问题，一些采取单边气候条例的发达国家正在考虑边界碳调整。在欧盟、美国等国家，多次商讨碳排放限额交易相关法律法规。例如，2009 年，欧盟议会和理事会修订了欧盟排放交易体系（EU‐ETS）。2010 年，美国政府出台了清洁能源和安全法案，2014 年，美国国会碳费法案已经起草边界碳排放量列入立法法案。然而，这些法案是颇具争议的，并且不符合 WTO 框架下贸易自由化规则。

马库森（Markusen，1975）提出的有价值的理论说明，一个地区应该通过边界碳调整来补充其单边碳定价，便于解释通过贸易解决了不利国际碳排放溢出效应。边界碳调整包括旨在征收进口碳排放税（碳关税）的关税，并采取出口退税。碳关税和出口退税的总和称为全面碳调整。如果边界碳调整得到全面应用，边界碳调整能够有效地作为基于目的地的碳定价，这种定价能够在国际贸易中平衡竞争，同时将气候损害的成本内化为商品和服务的价格。此外，边界碳调整也可以按覆盖范围划分。边界调整可能只针对直接碳排放或间接碳排放。费舍尔和福克斯（Fischer and Fox，2012）通过不同边界调整方案，认为难以对不同类型的边界调整进行排序。目前的研究侧重于边界碳出口调整，这是一个重要针对隐含碳排放的措施。

胡梅尔斯等（Hummels et al.，1999）首先要注意到中间产品交易可能会产生多次交易成本。边界调整是与额外贸易成本相对应的贸易措施。张和朱（Zhang and Zhu，2017）指出边境碳调整也可能面临双重管制的问题。武田等（Takeda et al.，2011）用边境碳调整政策评估日本对外贸易情况，研究结果表明出口边界调整对于恢复日本出口商的竞争力和减少碳泄漏是有效的。霍布勒（Hübler，2012）利用 CGE 模型研究不同类型气候变化制度对国际贸易的影响，从结果中我们可以看出，假如中国只对出口商品征收关税，而不参与相关制度，则福利效应可能会比参与的情况更为严重。李等（2012）基于中国 2002 年投入产出表，使用递归动态 CGE 模型分析对中国出口二氧化碳直接征税的经济合理性，结果表明中国碳税对中国的经济影响较小，但其对出口结构的影响是显著的。主要高耗能产品的出口量将下降，而劳动密集型和高附加值商品的出口将会增加。董等（2015）使用多区域和多商品 CGE 模型研究碳关税对中国出口的经济和环境影响。结果表明出口关税将会造成中国能源密集型产业出口贸易竞争力遭受重大损失。伯林格等（Böhringer et al.，2017）通过程式化模式研究了碳排放关税下生产商减排的经济激励措施。研究发现出口商通过调整碳排放量可以减少碳关税，其贸易竞争力和经济总体福利将受到的影响要小于产业层面的碳关税制度。此外，部分学者还模拟油价、碳交易机制等因素对国际贸易影响。蒂米西娜（Timilsina，2015）应用 CGE 模型研究油价上涨将对全球贸易格局产生的影响。结果表明油价上涨 50% 对不同国家或者地区的国际贸易产生不同影响，中东和北非地区和撒哈拉以南非洲的国际贸易额大幅增加。而高收入国家的国际贸易受其影响较小，中等收入国家由于石油产业是其国家基础经济而国际贸易损失较大。张等（2017）借助CGE模型研究欧盟碳交易机制对于国际贸易影响。模拟结果表明如果能源成本上涨，化学品和有色金属净进口将会分别增长 60.1% 和 11.7%，与此同时钢铁行业净出口下降 35.8%。对于美国、日本、韩国等进口地区的许可证，国际竞争力将得到提升。

2.6　小　　结

当前全球环境问题日益严重情况下，污染产业转移引起的生态环境成本和经济利益成为学者研究的重点。学者对污染产业从不同角度进行了界定，并对产业的环境效率进行了研究和评述。随后对产业转移进行了衡量，并对经济发展与环境问题进行了阐述，分析了环境规制条件与污染产业选址问题的关系。对于污染产业转移产生的污染物情况，分别从国内角度阐述产业转移与环境之间的关系，从国际角度分析了贸易和投资对环境的影响。接着分析了污染产业贸易出口的隐含碳问题以及驱动因素。最后，分析了产业转移生态环境成本和经济利益之间的关系以及产业转移利益均衡机制研究。当前尽管很多学者对污染产业转移碳排放问题以及利益均衡问题进行了研究，但还有几个方面需要进一步拓展：

第一，污染产业转移对于空气主要污染物的影响情况。污染产业产生了大量空气污染物（CO_2、SO_2 和烟尘），尤其当前中国已经是世界上最大二氧化碳和二氧化硫排放国，而且在中国中东部地区雾霾天气频繁出现前提下，研究污染产业转移对于中国空气不同污染物影响，对于改善中国环境问题提供学术政策支持。

第二，污染产业转移对于西部工业环境效率的影响研究。由于工业基础、资源和禀赋等问题，中国西部地区生态环境脆弱，工业企业相对落后，经济发展相对较慢。产业转移对于西部环境影响巨大。因而，研究污染产业转移对于西部地区工业企业环境效率，对于西部地区经济和环境可持续发展具有实际意义。

第三，从外商直接投资和国际贸易角度研究污染产业国际转移碳排放机制。当前大部分学者研究污染产业隐含碳问题主要是从国际贸易角度，忽视外商直接投资引起碳排放问题。从外商直接投资和国际贸易两个角度研究污染产业国际转移隐含碳问题更具现实意义。

第四，污染产业国际转移利益均衡框架构建，以及从环境规制角度研究中国污染产业国际转移利用均衡实现机制。当前研究污染产业国际转移经济收益和环境效益主要是从国际贸易角度，而且没有形成有效理论框架。本书从国际贸易和外商直接投资角度构建污染产业国际转移利益均衡框架，并从环境规制角度研究污染产业国际转移环境成本和经济收益均衡的实现机制。

第3章 污染产业转移的理论分析

3.1 产品周期理论

产品周期理论最早是由哈佛大学教授弗农（Vemon，1966）在《产品周期中的国际贸易和国际投资中》提出的。他认为，与生物一样，新产品也是经历从产生、成长到成熟的全过程。他将产品的生命周期划分为新产品时期、成熟期、标准化时期三个时期（肖德，1997）。企业为了降低劳动成本，增加市场竞争力，不断推出新产品和技术创新。由于发达国家具备技术、资本、资源禀赋优势，产品创新最早在发达国家展开。新产品时期的产品差异化品质最高，其生产技术和工艺标准化程度低，难以被竞争者模仿，消费者对产品的偏好度也较高，因而产品的需求弹性很低。当产品开始规范化进入成熟期后，而创新也进入成熟期，差异化产品的设计和生产技术已经成熟，产品的市场竞争更多依赖低廉的价格，而不能仅仅依赖技术取胜。市场中出现大量同类产品竞争者，创新产品的技术垄断被逐渐打破，境外其他国家进行增值活动的吸引力开始增大，发达国家为了提高自身产品的竞争力必须努力降低生产成本和实现市场扩张。伴随产品进入标准化时期，发达国家企业将产品转移到产业梯度低的发展中国家，这样既可以保持与发展中国家的技术差距，又可以延长企业的衰退期。贸易壁垒的设立和预期竞争对手在这些市场中出现，进一步加强了这种趋势的发生和蔓延。

产品周期理论背后作用的微观机制是，基于自身产品在生命周期四个阶段内技术创新动机的强弱，企业在不同阶段的生产成本中投入不同比例的研发费用，从而形成比较优势的变动，为实现其在自身产品生命周期内企业价值的最大化目标，做出合理的国际化战略选择。一般来讲，发达国家的主要精力集中在高档次产品的生产，而中等层次的产业在国外组装的同时逐步转移至发展中国家，低端层次的产品则完全转移至国外。

基于弗农的产品生命周期理论，区域经济学家提出了产业梯度转移理论。区域经济发展水平是由产业结构差异决定的。产业转移梯度理论认为，产品和技术创新通常发生在高梯度国家和地区，随着产品的生命周期的演进，处于高梯度的产品和技术逐渐向低梯度地区转移。产业梯度转移主要包括国际产业梯度转移和国内产业梯度转移两种，在我国由于东部经济发达地区为了满足高质量发展需要，不断进行产品和技术创新，以及产业结构升级改造，逐渐将高耗能、高污染产业向欠发达的中国中部和西部地区转移。

3.2　边际产业扩张理论

1977 年，小岛清比较分析日本与发达国家（美国）对外直接投资情况，并基于国际贸易的比较优势理论提出了"边际产业扩张理论"。在小岛清的代表作《对外直接投资》中阐述了该理论的基本主张："如果一国将已经处于或即将处于比较劣势的产业的资本、技术和管理通过对外直接投资的形式输入到其他国家，不仅有利于本国产业结构调整，而这一产业将在东道国演变成为一种新的比较优势。"

小岛清认为一国对外直接投资的目的是通过对比较优势产业实行专业化，通过该种产品出口，缩小处于比较劣势产业，并通过进口该产业的产品，从而获得贸易利益。该理论的效果使得投资国和东道国获得双赢。通过这种产业的空间移动以回避产业劣势，促进投资本国的劣势产业在东道国发挥潜在优势。同时本国的产业得到升级，转移出的产业通过投资仍然继续获得效益。对于东道国来说，承接产业的过程也涉及资本、技术、经营技能等要素并存的综合体流入，是不断吸收先进生产函数转移和普及的过程。从对外直接投资的动机来看，小岛清把对外直接投资分为自然资源导向型、劳动力导向型、市场导向型、生产和销售国际化型等四种类型（陈华，1999）。

小岛清以传统比较优势理论为基础，将国际贸易理论与国际直接投资理论进行结合，这也是当今国际贸易理论与国际直接投资理论融合发展的趋势。边际产业转移理论属于产业转移的一般性理论，其解释的对象不再局限于劳动力密集型产业，并提出了边际产业转移的标准，即从技术差距较小的产业依次转移。然而，边际产业扩张理论只能说明是反映了日本在战后某个时期对外直接投资的特点，并且小岛清把对外直接投资划分为日本式的贸易创造型和美国式的贸易替代型，无论在理论上，还是在现实的经济生活中，都很难站得住脚（刘祥生，1992）。

3.3　中心—外围理论

1991 年，以规模报酬递增和不完全竞争的市场结构为假设，克鲁格曼通过改进迪克西特—斯蒂格利茨垄断竞争模型，采用柯布—道格拉斯函数形式构造了一个两区域的模型。目的是尽可能简明地说明企业的规模报酬递增、运输成本和要素流动三者之间的相互作用是如何引导产业集聚的。新经济地理理论认为，经济活动的空间聚集核心内容主要集中于三个方面：报酬递增、空间聚集和路径依。

克鲁格曼将地理因素纳入经济学分析中，提出"中心—外围"模型。该模型首先假定世界经济中存在两个地区和两个部门。两个地区具有相同的偏好和技术，即初始条件相同。世界经济中存在的两个部门：完全竞争且报酬不变的农业部门和垄断竞争且报酬递增的制造业部门。农业劳动力要素不具流动性，而制造业劳动力具有流动。农业劳动力在这两个区域均匀分布，农业工资处处相同；制造业工资的名义值和实际值则存在地区差异，因而制造业的劳动力视实际工资的高低从低工资区域向高工资区域流动（孙浩进，2012）。原先两个相互对称的地区发生转变，期初某个地区的微弱优势不断积累，最终该地区变成产业集聚中心，另一个地区变成非产业化外围。在运输成本进一步降低的情况下，企业是进一步的集中还是开始分散，要看分散化力量和集聚性力量谁居主导地位，当运输成本降到使分散量占主导地位时，企业就不必接近市场布局，产业就可能出现分散化。总之，中心—外围模型虽然建立在均衡条件下，只能通过数值模拟进行，但其在实证分析中仍具有重要意义。具有循环因果链、自我实现预期、多重均衡、内生非均衡对称性、突发集聚性和区位黏性等多重特性。

3.4　国际生产折衷理论

国际生产折衷理论是由约翰·邓宁（J. Dunning，1977）年在《贸易、经济活动的区位与多国企业：折衷理论探讨》论文中首次提出。国际生产折衷理论的核心是"OLI"模式，即所有权特定优势（ownership specific advantages）、区位特定优势（location specific advantages）和内部化优势（internalization specific advantages）。其中所有权优势（O）是指一个国家的一家企业相对于另一个国家的企业所具有的所有权势，一般包括财产权或无形资产优势、规模经济优势。区位特定优势（L）是指东道国吸引跨国公司国际投资所拥有的要素禀赋、政策及市场环境优势，一般包括自然和人造资源禀赋的空间分布以及市场分布；基础设施条件；经济的集聚和溢出效应；政府的经济制度和战略以及资源分配的制度框架；法律制度和规范制度等。内部化优势（I）是指内部化特定优势是指企业在内部运用自己的所有权优势达到降低交易成本、交易风险的能力，一般包括规避搜寻和谈判成本；保护内部化企业的名誉；卖方对于保护中间产品或最终产品质量的需求；规避或利用政府的介入等实践。内部化理论以垄断优势和市场不完全作为理论分析的前提，以交易成本理论为基础，分析中间产品市场的不完全对跨国公司行为影响，中间产品市场的不完全竞争是导致企业内部化的根本原因（李习平，2013）。

在这三种优势中，第一类所有权优势说明了国际投资的企业进行跨国经营时是怎样获得东道国竞争企业不具备的所有权优势。第二类所有权优势是指进行国际投资企业拥有一种多分支企业或机构的优势和母公司共同所有的优势。第三类所有权优势的产生是跨国投资企业面临不同国家的不同经济环境下投资所带来的优势，这种优势可以使跨国公司利用不同的要素禀赋和市场环境来创造资本获得所有权优势（李习平，2013）。虽然企业的所有权优势、内部化优势和区位优势是分别论述的，但在"国际生产折衷理论"中，三种优势相互之间紧密相连，缺一不可，企业只有同时具备三种优势，其国际化生产方能进行。

第4章 污染产业界定及对环境影响

在中国经济发展取得显著成就的同时，能源资源尤其是化石能源消耗量巨大，并伴随产生了大量二氧化碳、二氧化硫和烟尘等污染物，对环境造成了巨大的压力。当前，中国污染产业正在向中西部地区转移，在促进当地经济增长和居民生活水平提高的同时，对于大气环境带来严重影响。因而，分析污染产业转移对于不同污染物的影响对于中国实现产业结构调整、经济和环境可持续发展具有重要意义。本章首先界定了污染产业，分析了中国污染产业特征。随后，阐述了中国总的二氧化碳排放量、人均二氧化碳排放量，总的二氧化硫排放量、人均二氧化硫排放量，总的烟尘排放量、人均烟尘排放量的变化趋势。最后，分析了污染产业转移和其他因素对于中国 30 个省份二氧化碳、二氧化硫和烟尘的影响情况。

4.1 污染产业

4.1.1 污染产业衡量

本章按照尹等（2016）提出的从污染物排放的"质量"和"数量"两方面对污染产业进行界定。具体说"数量"是指工业企业污染物在所有行业排放的污染物中的排放占比，"质量"指单位污染物排放量，"质量"的倒数可以称为污染强度。本章建立了基于这两个维度来反映行业污染水平的污染排放强度指数公式，污染排放强度指数越大则代表行业大气污染程度越高。本章主要是从大气污染角度对污染产业进行定义。我们选取 2003～2015 年平均工业企业污染物数据和平均工业增加值数据。选取了二氧化碳、二氧化硫和烟尘三种污染物。污染排放强度指数的公式如下：

$$PI_{ih} = \sqrt{\frac{P_{ih}}{M_h} \times \frac{P_{ih}}{\sum\limits_{h} P_{ih}}} \qquad (4.1)$$

式（4.1）中，PI_{ih} 代表 i 种污染物在 h 行业排放强度，i 代表 3 种污染物，h 代表中国 39 个行业，P_{ih} 代表污 i 污染物在 h 行业排放量，M_h 代表 h 工业增加值。工业二氧化硫和烟尘污染物数据来自 2004～2016 年《中国环境统计年鉴》[①]，二氧化碳数据根据 IPCC（2007）公式计算得到。工业增加值数据来自 2004～2016 年《中国工业统计年鉴》[②]。另外，为了统计计算结果，本章最后选取 3 种污染物平均值定义为污染产业，结果如表 4－1 所示，本章选取 10 个污染强度指数数值较大行业界定为污染产业。

表 4－1　　　　　　　　　　污染物排放强度排名

排名	行业名称	污染排放强度指数
1	造纸及纸制品业	0.984
2	非金属矿物制品业	0.764
3	黑色金属冶炼及压延加工业	0.698
4	化学原料及化学制品制造业	0.687
5	纺织业	0.543
6	农副食品加工业	0.482
7	有色金属冶炼及压延加工业	0.451
8	电力/热力的生产和供应业	0.401
9	石油加工/炼焦及核燃料加工业	0.384
10	食品制造业	0.326

资料来源：笔者计算整理。

---

① 中华人民共和国统计局：《中国环境统计年鉴（2016）》，中国统计出版社 2016 年版。
② 国家统计局工业司：《中国工业统计年鉴（2016）》，中国统计出版社 2016 年版。

4.1.2 污染产业特征

污染产业是中国工业经济主要组成部分，按照 2016 年中国工业统计数据，2003～2015 年中国污染产业发展现状如图 4-1 所示。我们可以看出整体上污染产业呈现出快速递增势头。2003 年，污染产业工业产值为 60257 亿元，到了 2015 年，污染产业工业产值达到 483989 亿元，与 2003 年相比，增长了 8.01 倍，年均增长 18.96%。

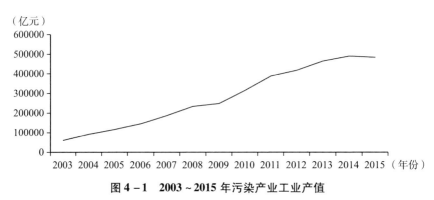

（亿元）

图 4-1 2003～2015 年污染产业工业产值

资料来源：2004～2016 年《中国工业经济统计年鉴》。

4.2 中国二氧化碳、二氧化硫和烟尘排放特征

4.2.1 中国二氧化碳排放特征

二氧化碳是构成温室气体的主要成分，中国已经超越美国成为世界上最大的二氧化碳排放国。根据 2016 年世界发展指标和 2016 年 BP 世界能源统计年鉴统计，中国 2003～2015 年二氧化碳排放量变化趋势如图 4-2 所示。2003～2015 年，中国二氧化碳排放总量以平均每年 4.32% 的速度递增。2003～2011 年，二氧化碳排放总量呈快递增长态势。2011 年二氧化碳排放总量达到 97.3 亿吨，是 2003 年二氧化碳排放总量的 2.1 倍。2011～2014 年，二氧化碳排放总量增长缓慢，2014 年

二氧化碳排放总量与 2011 年相比增长了 5.7%。2015 年，二氧化碳排放总量出现下降趋势，与 2014 年相比，2015 年二氧化碳排放总量下降了 0.1%。从变化趋势我们可以看出中国关于碳排放的节能减排措施已经初见成效。

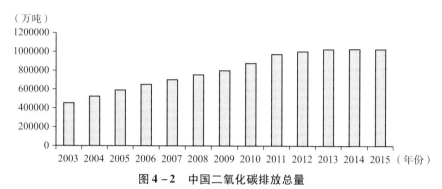

图 4 - 2　中国二氧化碳排放总量

资料来源：2016 年世界发展指标和 2016 年 BP 世界能源统计年鉴。

在过去十几年中，中国人均二氧化碳排放量也呈现出一定变化趋势。根据 2016 年世界发展指标和 2016 年 BP 世界能源统计年鉴统计，中国 2003 ~ 2015 年人均二氧化碳排放量趋势如图 4 - 3 所示。2003 年，中国人均二氧化碳排放量为 3.58 吨/人。2011 年人均二氧化碳排放量达到 7.33 吨/人，是 2003 年人均二氧化碳排放量的 2.1 倍。2011 ~ 2014 年，人均二氧化碳排放量增长放缓，2014 年人均二氧化碳排放量与 2011 年相比增长了 4%。2015 年，人均二氧化碳排放量为 7.57 吨/人，与 2014 年人均二氧化碳排放量相比下降了 0.7%。

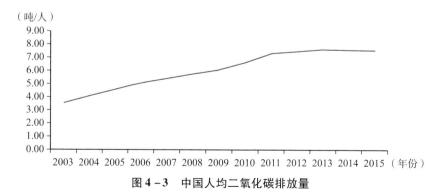

图 4 - 3　中国人均二氧化碳排放量

资料来源：2016 年世界发展指标和 2016 年 BP 世界能源统计年鉴。

4.2.2 中国二氧化硫排放特征

二氧化硫是构成PM2.5的主要成分,对大气环境造成了巨大损害。根据2016年《中国统计年鉴》数据,中国2003~2015年二氧化硫排放量变化趋势如图4-4所示。2003年,中国二氧化硫排放总量达到2159万吨。到了2006年,二氧化硫排放量达到2589万吨,与2003年二氧化硫排放总量相比增长了20%。2006~2010年二氧化硫排放总量呈快递下降趋势,与2006年相比,2010年二氧化硫排放总量下降了16%。2011年,二氧化硫排放量略有增长,达到2218万吨。2012~2015年,二氧化硫排放量呈缓慢下降趋势,2015年二氧化硫排放量最低为1859万吨。与2012年相比,下降了12%。可以看出,2003~2015年,总体上中国二氧化硫排放量减少了。

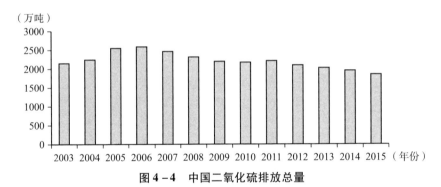

图4-4 中国二氧化硫排放总量

资料来源:相关年份《中国统计年鉴》。

与二氧化硫排放总量相比,中国人均二氧化硫排放量也呈现出一定变化趋势。根据中国统计年鉴数据,中国2003~2015年人均二氧化硫排放量趋势如图4-5所示。2003年,中国人均二氧化硫排放量为0.017吨/人。2003~2006年,人均二氧化硫排放总量增长迅速,2006年人均二氧化硫排放量达到0.02吨/人,与2003年相比增长了18.7%。2006~2010年人均二氧化硫排放总量呈快递下降趋势,与2006年相比,2010年人均二氧化硫排放总量下降了18.1%。2011年,人均二氧化硫排放量略有增长,为0.017吨/人。2012~2015年,人均二氧化硫排放量呈缓慢下降趋势,2015年人均二氧化硫排放量最低为0.017吨/人。

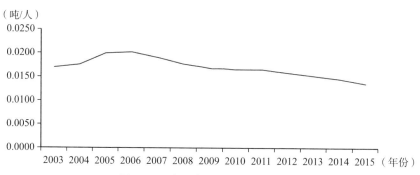

图 4 - 5　中国人均二氧化硫排放量

资料来源：相关年份《中国统计年鉴》。

4.2.3　中国烟尘排放特征

烟尘是构成 PM2.5 的另一个主要成分。根据中国统计年鉴数据，中国 2003 ~ 2015 年烟尘排放量变化趋势如图 4 - 6 所示。2003 ~ 2015 年，中国烟尘排放量呈现出不规则变化趋势。2003 年，中国烟尘排放总量达到 1048 万吨。2005 年烟尘排放量达到 1182 万吨，与 2003 年相比增长了 13%。2005 ~ 2010 年二烟尘总量呈快递下降趋势，2010 年烟尘排放总量最低为 829 万吨，与 2005 年相比，下降了 30%。2010 ~ 2014 年，烟尘排放量呈现出快速增长趋势，2015 年烟尘排放量最高达到 1741 万吨。与 2010 年相比，增长了 1.1 倍。2015 年，烟尘排放量为 1538 万吨。较 2014 年略有下降。

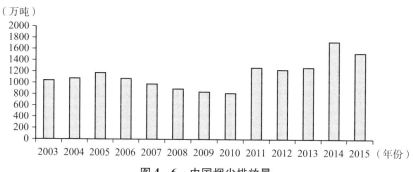

图 4 - 6　中国烟尘排放量

资料来源：历年《中国统计年鉴》。

根据中国统计年鉴数据，中国 2003～2015 年人均烟尘排放量趋势如图 4－7 所示。2003 年，人均烟尘排放量为 0.0083 吨/人。2003～2005 年，人均烟尘排放量快速递增，2005 年人均烟尘排放量达到0.0093 吨/人，与 2003 年相比增长了 12%。2005～2010 年人均烟尘排放量呈快递下降趋势，与 2006 年相比，2010 年人均烟尘排放量下降了 32%。2010～2014 年，人均烟尘排放量呈现出快速增长趋势，2015 年人均烟尘排放量最高达到 0.0129 吨/人。与 2010 年相比，增长了 1.1 倍。2015 年，人均烟尘排放量为 0.0113 吨/人，较 2014 年略有下降。

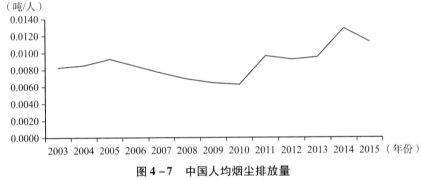

图 4－7　中国人均烟尘排放量

资料来源：相关年份《中国统计年鉴》。

4.3　污染产业区际划分

为了考察污染产业空间的聚集程度，本章利用区位熵指数从动态角度划分污染产业转入区和污染产业转出区。区位熵指数 LQ（Location Quotient）又称区域规模化指数或者地区专业化指数，是衡量产业聚集程度以及产业专业化程度的指标，具体计算公式如下：

$$LQ_{ij} = \frac{q_{ij}/q_j}{Q_i/Q} \qquad (4.2)$$

从式（4.2）可以看出，LQ 代表区位熵指数，j 代表不同污染行业产值，i 代表不同省份。q_{ij} 代表 i 省份 j 类污染行业产值，q_j 代表 j 类污染行业总产值，Q_i 代表 i 省份所有行业的总产值，Q 代表全国所有行业的总产值。假如区位熵指数的值 LQ 大于 1 时，则可以看出该地区污染产业聚集度较高，说明该地区产业相对其他地区具有聚集优势，我们可以认为该地区是污染产业聚集区；假如区位熵指数的值 LQ 小于 1 时，可以看出该地区污染产业呈分散状态，则说明该地区产业相对其他地区没有聚集优势，我们可以认为该地区不存在污染产业聚集情况。从动态角度看，无论 LQ 熵指数是大于 1 还是小于 1，如果 LQ 熵指数是逐渐减小，也就意味着该地区污染产业聚集度在减小，也就是说该地区污染产业向外地转出；如果 LQ 熵指数是逐渐变大，也就是说该地区该污染产业聚集度在增强，实际上也就表明该地区有该行业的产业转出。因而，可以用动态区域熵指数反映污染产业转移情况。

2003～2015 年中国 30 个省份污染产业区位熵指数如表 4-2 所示。从表中可以看出，2003～2015 年，污染产业区位熵指数逐渐递减的省份有北京、天津、辽宁、黑龙江、山西、浙江、广东、上海、江苏，可以看出这些地区污染产业聚集程度在减弱。因而，从动态角度，上述地区可以看作污染产业转出区。污染产业区位熵指数逐渐增大的省份有山东、河南、河北、内蒙古、湖北、湖南、吉林、安徽、福建、江西、云南、陕西、广西、海南、重庆、四川、贵州、甘肃、青海、宁夏和新疆，可以看出这些地区逐渐成为污染产业聚集地，我们把上述地区可以看作污染产业转入区。

表 4-3 显示了 2003～2015 年污染产业转入区熵指数和污染产业转出区熵指数的变化情况。2003 年，污染产业转出区熵指数为 1.067，污染产业转入区熵指数为 0.842，可以看出污染产业转出区产业聚集度要明显高于污染产业转入区产业聚集度。2003～2008 年，尽管污染产业转出区熵指数在逐年递减，但仍然大于污染产业转入区熵指数。2009～2015 年，污染产业转入区熵指数在逐渐增大，并大于污染产业转出区熵指数。可以看出污染产业转出区产业聚集度要小于污染产业转入区产业聚集度，也就是说污染产业从污染产业转出区逐渐向污染产业转入区聚集。

33

表 4 - 2　2003～2015 年中国污染产业区位熵指数

地区	2003 年	2004 年	2005 年	2006 年	2007 年	2008 年	2009 年	2010 年	2011 年	2012 年	2013 年	2014 年	2015 年
北京	0.63	0.67	0.64	0.57	0.51	0.48	0.46	0.47	0.41	0.43	0.43	0.44	0.41
天津	1.30	1.27	1.05	1.06	1.08	1.02	1.03	1.03	1.06	1.05	1.02	1.00	1.04
河北	1.21	1.27	1.28	1.25	1.24	1.34	1.30	1.29	1.32	1.31	1.26	1.25	1.26
山西	1.23	1.20	0.97	1.13	1.15	1.08	0.94	0.91	0.89	0.83	0.82	0.78	0.69
内蒙古	0.94	0.89	0.91	0.90	0.89	0.91	0.99	0.92	0.94	0.99	1.00	1.09	1.19
辽宁	1.30	1.37	1.35	1.37	1.29	1.32	1.34	1.34	1.25	1.35	1.30	1.18	0.88
吉林	0.73	0.77	0.75	0.74	0.72	0.79	0.81	0.82	0.88	0.93	0.93	0.93	0.97
黑龙江	0.71	0.62	0.62	0.59	0.57	0.55	0.63	0.64	0.63	0.65	0.70	0.67	0.67
上海	1.09	1.00	0.98	0.92	0.82	0.81	0.70	0.74	0.70	0.66	0.60	0.54	0.49
江苏	1.38	1.40	1.33	1.33	1.32	1.30	1.26	1.21	1.15	1.18	1.18	1.16	1.17
浙江	1.13	1.24	1.23	1.21	1.16	1.11	1.08	1.06	1.01	0.97	0.96	0.95	0.90
安徽	0.71	0.70	0.74	0.77	0.79	0.91	0.92	0.97	1.03	1.02	1.03	1.04	1.07
福建	0.80	0.86	0.85	0.84	0.81	0.79	0.81	0.84	0.88	0.87	0.89	0.97	1.02
江西	0.69	0.70	0.76	0.87	0.99	1.07	1.11	1.11	1.24	1.26	1.30	1.39	1.44
山东	1.47	1.42	1.53	1.52	1.55	1.54	1.61	1.55	1.57	1.65	1.67	1.71	1.77
河南	1.06	0.96	0.99	1.05	1.23	1.20	1.17	1.17	1.30	1.29	1.33	1.39	1.51
湖北	0.93	0.86	0.82	0.79	0.78	0.87	0.90	0.95	0.99	1.06	1.06	1.06	1.06

续表

地区	2003年	2004年	2005年	2006年	2007年	2008年	2009年	2010年	2011年	2012年	2013年	2014年	2015年
湖南	0.70	0.69	0.73	0.75	0.78	0.80	0.80	0.85	0.92	0.88	0.88	0.86	0.89
广东	0.86	0.84	0.79	0.78	0.77	0.75	0.75	0.78	0.73	0.69	0.71	0.71	0.70
广西	0.67	0.66	0.69	0.72	0.73	0.77	0.76	0.81	0.86	0.93	0.94	0.97	1.00
海南	0.40	0.39	0.42	0.56	0.84	0.77	0.70	0.66	0.61	0.62	0.52	0.57	0.56
重庆	0.46	0.45	0.46	0.48	0.50	0.51	0.51	0.55	0.54	0.50	0.51	0.53	0.55
四川	0.72	0.71	0.75	0.74	0.77	0.77	0.86	0.86	0.87	0.75	0.76	0.74	0.80
贵州	0.74	0.72	0.69	0.88	0.71	0.73	0.73	0.69	0.78	0.85	0.86	0.89	0.92
云南	0.69	0.68	0.75	0.76	0.75	0.80	0.77	0.76	0.77	0.79	0.78	0.80	0.81
陕西	0.59	0.60	0.58	0.64	0.62	0.60	0.63	0.65	0.67	0.70	0.68	0.70	0.74
甘肃	1.25	1.31	1.38	1.37	1.21	1.27	1.21	1.19	1.30	1.36	1.34	1.34	1.48
青海	0.86	0.94	0.90	0.94	0.93	0.98	0.99	1.01	1.06	1.02	1.00	1.07	1.09
宁夏	1.29	1.39	1.38	1.41	1.30	1.16	1.12	1.13	1.15	1.32	1.38	1.35	1.37
新疆	0.78	0.71	0.71	0.70	0.74	0.77	0.79	0.82	0.84	0.85	0.86	0.89	0.84

资料来源：笔者计算整理。

35

表4-3   污染产业转入区和污染产业转出区熵指数变动趋势

年份	污染产业转出区熵指数	污染产业转入区熵指数
2003	1.067	0.842
2004	1.068	0.843
2005	0.993	0.860
2006	0.994	0.889
2007	0.964	0.899
2008	0.936	0.921
2009	0.910	0.928
2010	0.909	0.938
2011	0.871	0.977
2012	0.870	0.997
2013	0.856	0.998
2014	0.826	1.026
2015	0.773	1.063

资料来源：笔者计算整理。

总之，从区位熵指数的计算结果可以看出，污染产业转出区主要集中在中国东部地区，而污染产业转入区主要集中在中国中西部地区，并且污染产业向中西部地区转移程度在逐年递增。

4.4 模型构建与数据来源

4.4.1 静态面板模型

1971年，IPAT模型是由埃利希和霍尔德（Ehrlich and Holdren）构建的，该模型主要研究人口增长对环境变化的影响，即 I = PAT，其中，I 代表环境影响，P 代表人口，A 代表财富，T 代表技术水平。然而，如果保持其他因素不变而改变控制变量，则 IPAT 模型可容易地导致比例变化问题。为了克服这一缺陷，1994 年，迪茨和罗莎（Dietz and Rosa）构建了 STIRPAT（Stochastic Impacts by Regression on Population，Affluence and Technology）模型，该模型被广泛用于研究非整体弹性环境的驱动因素。STIRPAT 模型基本表达式如下：

$$I = aP^{\beta_1}A^{\beta_2}T^{\beta_3}e \qquad (4.3)$$

式（4.3）中，I、P、A、T 的含义与 IPAT 模型相同，a 代表常数项，β_1、β_2、β_3 代表待估参数，e 代表残差项。本文研究分析污染产业转移对于二氧化碳、二氧化硫和烟尘的影响，为了消除异方差，等式左右两边取对数。构造的面板模型如下：

$$\begin{aligned}\ln CO_{2it} = {} & \beta_0 + \beta_1\ln TR_{it} + \beta_2\ln ST_{it} + \beta_3\ln ER_{it} + \beta_4\ln UR_{it} \\ & + \beta_5\ln FDI_{it} + \beta_6\ln GDP_{it} + \beta_7\ln IN_{it} + \varepsilon_{it}\end{aligned} \qquad (4.4)$$

$$\begin{aligned}\ln SO_{2it} = {} & \beta_0 + \beta_1\ln TR_{it} + \beta_2\ln ST_{it} + \beta_3\ln ER_{it} + \beta_4\ln UR_{it} \\ & + \beta_5\ln FDI_{it} + \beta_6\ln GDP_{it} + \beta_7\ln IN_{it} + \varepsilon_{it}\end{aligned} \qquad (4.5)$$

$$\begin{aligned}\ln SOOT_{it} = {} & \beta_0 + \beta_1\ln TR_{it} + \beta_2\ln ST_{it} + \beta_3\ln ER_{it} + \beta_4\ln UR_{it} \\ & + \beta_5\ln FDI_{it} + \beta_6\ln GDP_{it} + \beta_7\ln IN_{it} + \varepsilon_{it}\end{aligned} \qquad (4.6)$$

其中式（4.4），式（4.5），式（4.6）中，i 代表不同的省份（i = 1，2，…，30），t 代表年（t = 2003，…，2015）。

被解释变量：

（1）CO_2 代表人均 CO_2 排放量。本章中我们遵循政府间气候变化专门委员会关于国家温室气体清单的准则，并使用以下等式估算燃烧化石燃料产生的 CO_2 排放：

$$EC = \sum_{i=1}^{7}E_i \times CEF_i = \sum_{i=1}^{7}E_i \times CCF_i \times HE_i \times COF_i \times (44/12) \qquad (4.7)$$

在式（4.7）中，EC 表示 CO_2 排放量，i 表示不同的化石燃料类型，包括煤炭，焦炭，汽油，煤油，柴油，燃料油和天然气。E 表示化石燃料的总消耗量，CEF 表示化石燃料的 CO_2 排放因子，由碳含量因子（CCF），热等效物（HE），碳氧化因子（COF）和常数（44/12）乘积构成。其中常数（44/12）表示 CO_2 的分子量（44）与碳的分子量（12）的比率。CO_2 排放因子如表 4-4 所示。

表 4 - 4　　　　　　　　　　　　　CO_2 排放因子

化石燃料	煤炭	焦炭	汽油	煤油	柴油	燃料油	天然气
排放因子	1.647	2.848	3.174	3.045	3.150	3.064	21.670

资料来源：2007 年中华人民共和国国家温室气体清单。

（2）SO_2 代表人均 SO_2 排放量，是指总的 SO_2 排放量与总人口的比值。

（3）SOOT 代表人均烟尘排放量，是指总的烟尘排放量与总人口的比值。

解释变量：

（1）TR 代表污染产业转移指数，本章参考成艾华和魏后凯（2013）研究结论，提出了污染产业转移指数，并将其作为本章核心解释变量。我们把 30 个省份当年污染产业总产值作为 100，各省份当年污染产业总产值在 30 个省份污染产业总值中的比重定义为污染产业转移指数，用来衡量污染产业转移情况。

（2）UR 代表城镇化，是指城镇人口与总人口比值。

（3）ER 代表人均能源消费量，是指能源消费量与人口比值。

（4）GDP 代表人均实际 GDP，是指国内生产总值与人口比值，并以 2003 年为基期进行平减。

（5）FDI 代表外商直接投资，是指外商直接投资额与国内生产总值比值。

（6）IN 代表环境治理投资，是指环境治理投资与国内生产总值比值。

（7）ST 代表第二产业占比，是指第二产业生产总值与国内生产总值比值。变量具体说明如表 4 - 5 所示。

表 4 - 5　　　　　　　　　　　　　具体变量说明

变量名称	变量符号	变量说明
人均 CO_2	CO_2	二氧化碳排放量与人口的比值
人均 SO_2	SO_2	二氧化硫排放量与人口的比值
人均 SOOT	SOOT	烟尘排放量与人口的比值

变量名称	变量符号	变量说明
城镇化	UR	城镇人口与总人口的比值
人均GDP	GDP	国内生产总值与人口的比值
产业转移指数	TR	各省市区当年污染产业总产值与30个省市污染产业总值的比值
能源强度	ER	能源排放量与总国内生产总值比值
二产业占比	ST	第二产业生产总值在国内生产总值占比
外商直接投资	FDI	外商直接投资与国内生产总值比值
环境治理投资	IN	环境治理费用与国内生产总值比值

资料来源：笔者计算整理。

4.4.2　动态面板模型

在面板模型中，由于被解释变量当期和前期可能存在相关性，需要在模型中引入被解释变量滞后项。然而，模型中被解释变量的滞后项与随机扰动项的个体效应容易存在相关性，可能产生变量内生性问题，如果依然使用最小二乘模型、固定效应模型或者随机效应模型对动态面板进行估计，会对模型估计真实值产生偏差，尤其是在面板估计模型中观测值较多而时间序列较小的情况下（大N小T）。而且，系统估计方法比单一方程估计方法更有效。采用动态广义矩估计（Generalized Method of Moments，GMM）对模型进行计量分析，可以有效地解决变量内生性问题。

动态GMM估计通常分为一阶差分GMM和系统GMM。一阶差分GMM估计法由于容易受到弱工具变量的影响，因而，估计有限样本的特性相对较差，估计结果容易出现偏差。随后，1991年，阿雷利亚诺和邦德（Arellano and Bond）以及1998年，布伦德尔和邦德（Blundell and Bond）提出了系统广义矩阵法（SYS–GMM），该方法与差分GMM相比，将被解释变量的一阶差分的滞后项作为初始水平方程被解释变量滞后项的工具变量，与差分GMM估计相比，系统GMM估计法不仅能在有限样本中得出更小偏差，而且还能有效减少工具变量过度识别问题。另外，采用AR（1）、AR（2）检验所对应的P值用来判断模型设定的合理性，如果AR（1）检验的P值小于0.1，则说明差分后残差项一阶序列相关；AR（2）检验的P值大于0.1，可以看出差分后残差项二阶序列不相关，模型不存在自相关现象，说明该模型的设定是合理的，并且估计结果是合理的。Hansen 检验所对应的 P 值用来检验工具变量有效性，如果 Hansen 检验的 P 值大于 0.1，则该模型不能拒绝"所有工具变量均有效"的原假设，说明该模型不存在过度识别，工具变量选取是合理的。加入滞后项的动态面板模型如下：

$$lnCO_{2it} = \beta_0 + \beta_1 lnCO_{2it-1} + \beta_2 lnTR_{it} + \beta_3 lnST_{it} + \beta_4 lnER_{it} + \beta_5 lnUR_{it}$$
$$+ \beta_6 lnFDI_{it} + \beta_7 lnGDP_{it} + \beta_8 lnIN_{it} + \mu_{it} + \varepsilon_{it} \qquad (4.8)$$

$$lnSO_{2it} = \beta_0 + \beta_1 lnSO_{2it-1} + \beta_2 lnTR_{it} + \beta_3 lnST_{it} + \beta_4 lnER_{it} + \beta_5 lnUR_{it}$$
$$+ \beta_6 lnFDI_{it} + \beta_7 lnGDP_{it} + \beta_8 lnIN_{it} + \mu_{it} + \varepsilon_{it} \qquad (4.9)$$

$$lnSOOT_{it} = \beta_0 + \beta_1 lnSOOT_{it-1} + \beta_2 lnTR_{it} + \beta_3 lnST_{it} + \beta_4 lnER_{it} + \beta_5 lnUR_{it}$$
$$+ \beta_6 lnFDI_{it} + \beta_7 lnGDP_{it} + \beta_8 lnIN_{it} + \mu_{it} + \varepsilon_{it} \qquad (4.10)$$

式（4.8）、式（4.9）和式（4.10）中，i 代表不同的省份（i = 1，2，…，30），t 代表年份（t = 2003，…，2015）；CO_{2it-1} 代表二氧化碳滞后项，SO_{2it-1} 为二氧化硫滞后项，$SOOT_{it-1}$ 为烟尘排滞后项，其他解释和被解释变量含义同静态面板变量含义相同。

4.4.3 数据来源

本章选取 2003 ~ 2015 年中国 30 个省份（港、澳、台和西藏地区除外）面板数据，数据来源于 2004 ~ 2016 年《中国工业统计年鉴》[①]《中国统计年鉴》[②]《中国环境统计年鉴》[③]。数据描述性统计如表 4 - 6 所示。

表 4 - 6　　　　　　　　　数据描述性统计

变量	均值	标准差	最小值	最大值	样本数
$lnCO_2$	11.010	10.644	9.216	12.827	390
$lnSO_2$	5.100	5.617	3.239	6.469	390
lnSOOT	4.379	4.733	2.220	6.036	390
lnUR	-0.727	-0.675	-1.386	-0.105	390

---

① 中华人民共和国统计局：《中国环境统计年鉴（2016）》，中国统计出版社 2016 年版。
② 国家统计局工业司：《中国工业统计年鉴（2016）》，中国统计出版社 2016 年版。
③ 中华人民共和国统计局：《中国统计年鉴（2016）》，中国统计出版社 2016 年版。

变量	均值	标准差	最小值	最大值	样本数
lnGDP	9.789	9.582	8.212	11.350	390
lnTR	-3.831	4.961	-6.255	-1.869	390
lnER	-0.187	-0.912	-3.405	1.409	390
lnST	-0.775	-0.695	-1.623	-0.527	390
lnFDI	-4.007	-4.949	-6.618	-2.099	390
lnIN	-4.431	-4.438	-5.521	-3.161	390

资料来源：笔者计算整理。

4.5　污染产业转移对大气污染物影响研究

4.5.1　污染产业转移对大气污染物影响基准分析

1. 面板单位根检验结果

为避免由于变量非平稳而导致伪回归出现在模型结果中。首先，在回归模型之前，我们需要对所有变量进行面板单位根检验。假如检验结果显示所有变量是平稳的，那么就可以进行下一步计量回归分析，假如单位根结果显示有部分变量是非平稳的，则需要对非平稳变量进行协整检验或者差分处理。本章采用 LLC（Levin，Lin and Chu，2002）检验，检验结果如表 4-7 所示。

表 4-7　　　　　各变量面板 LLC 单位根检验结果

变量	T 检验统计量	P 值	结论
$lnCO_2$	-6.293	0.0001	平稳
$lnSO_2$	-11.341	0.0000	平稳
lnSOOT	-6.208	0.0007	平稳
lnUR	-6.380	0.0005	平稳

变量	T 检验统计量	P 值	结论
lnGDP	− 6. 904	0. 0000	平稳
lnTR	− 4. 297	0. 0000	平稳
lnER	− 6. 837	0. 0002	平稳
lnST	− 7. 321	0. 0000	平稳
lnFDI	− 7. 822	0. 0001	平稳
lnIN	− 10. 088	0. 0000	平稳

资料来源：笔者计算整理。

从表 4 - 7 的检验结果我们可以看出，所有变量都通过单位根 1% 显著性检验，则可以说明各个变量均为平稳序列。因此，我们可以下一步进行污染产业转移对于不同污染物面板回归分析。另外，在所有模型回归之前，利用方法膨胀因子检验模型的多重共线性，结果显示所有变量 VIF 值均小于 10，说明所有模型不存在多重共线性。

2. 面板单位根检验结果

表 4 - 8、表 4 - 9、表 4 - 10 分别显示了二氧化碳、二氧化硫和烟尘的面板固定效应，面板随机效应和面板混合效应的回归结果。从回归结果可以看出，二氧化碳、二氧化硫和烟尘面板混合模型效应和面板固定效应结果相似。为了分析三个回归结果固定效应和随机效应实用性，本章利用 Hausman 进行检验，结果显示三个回归模型 P 值分别是为 0. 000、0. 001 和 0. 000，所有固定效应更适合。从结果可以看出，污染产业转移与人均 CO_2、人均烟尘排放量显著负相关，污染产业转移与人均 SO_2 显著正相关。而城镇化水平、人均能源消费量、第二产业占比与人均 CO_2、人均 SO_2 和人均烟尘排放量显著正相关，人均实际 GDP 与人均 CO_2、人均烟尘排放量显著负相关，与人均 SO_2 显著正相关，环境治理投资与人均 CO_2、人均 SO_2 和人均烟尘排放量显著负相关。而外商直接投资与人均 CO_2、人均 SO_2 排放量不显著。由于影响二氧化碳、二氧化硫和烟尘的因素众多，我们可能存在遗漏变量的问题，同时污染产业转移指标与二氧化碳、二氧化硫和烟尘可能存在反向因果关系，从而引起内生性问题，导致本章之前的估计结果可能有偏。本章用 Hausman

内生性检验值在1%显著水平下拒绝外生假设，说明污染产业转移指标与二氧化碳、二氧化硫和烟尘确实存在一定程度的内生性问题。为了控制可能存在的内生性，随后，我们选取动态面板 GMM 模型进行回归分析。

表 4 - 8 CO_2 静态面板回归结果

变量	FE	RE	POOL – OLS
lnUR	0.060 ** （0.91）	0.188 ** （2.24）	0.821 *** （4.99）
lnGDP	- 0.119 *** （- 3.83）	- 0.082 ** （- 2.09）	- 0.038 （- 0.50）
lnER	0.999 *** （41.48）	0.897 *** （31.50）	0.643 *** （20.83）
lnST	0.268 *** （4.79）	0.485 *** （7.09）	0.969 *** （10.49）
lnFDI	- 0.005 （- 0.65）	- 0.002 （- 0.21）	- 0.030 （- 1.32）
lnIN	- 0.017 *** （- 1.33）	- 0.010 （- 0.60）	- 0.304 *** （- 7.97）
lnTR	- 0.082 *** （- 2.79）	- 0.010 *** （- 3.01）	- 0.497 *** （- 15.38）
常数项	12.865 *** （38.58）	12.141 *** （28.61）	11.424 *** （12.47）
R^2	0.950	0.942	0.809

注：* $p < 0.1$，** $p < 0.05$，*** $p < 0.01$，括号中代表 P 值；FE 代表固定效应模型，RE 代表随机效应模型，POOL – OLS 代表混合效应模型。

资料来源：笔者计算整理。

表 4 - 9 SO_2 静态面板回归结果

变量	FE	RE	POOL – OLS
lnUR	0.004 ** （0.03）	0.218 ** （1.31）	1.199 *** （5.27）
lnGDP	0.618 （8.12）	0.585 （7.71）	0.663 （6.16）
lnER	0.4757 *** （8.03）	0.351 *** （6.99）	0.224 *** （5.25）
lnST	0.554 *** （4.03）	0.822 *** （6.37）	1.366 *** （10.68）
lnFDI	- 0.005 （- 0.26）	- 0.015 （- 0.73）	- 0.130 （- 4.19）
lnIN	- 0.033 ** （- 1.04）	- 0.073 ** （- 2.19）	- 0.384 *** （- 7.26）
lnTR	0.088 ** （1.22）	- 0.105 * （- 1.93）	- 0.170 *** （- 3.80）
常数项	12.137 *** （14.83）	11.543 *** （13.91）	14.087 *** （11.11）
R^2	0.397	0.388	0.601

注：* $p < 0.1$，** $p < 0.05$，*** $p < 0.01$，括号中代表 P 值；FE 代表固定效应模型，RE 代表随机效应模型，POOL – OLS 代表混合效应模型。

资料来源：笔者计算整理。

表 4 – 10   SOOT 静态面板回归结果

变量	FE	RE	POOL – OLS
lnUR	0. 220 ** （0. 87）	0. 485 * （1. 88）	1. 172 *** （4. 52）
lnGDP	− 0. 182 （− 1. 54）	− 0. 321 （− 2. 77）	− 0. 461 （− 3. 76）
lnER	0. 419 *** （4. 54）	0. 465 *** （6. 72）	0. 480 *** （9. 85）
lnST	1. 386 *** （6. 46）	0. 377 * （1. 96）	1. 265 *** （8. 68）
lnFDI	− 0. 066 ** （− 2. 13）	− 0. 110 *** （− 3. 44）	− 0. 145 *** （− 4. 08）
lnIN	− 0. 084 * （− 1. 68）	− 0. 169 *** （− 3. 23）	− 0. 367 *** （− 6. 09）
lnTR	− 0. 437 *** （− 3. 89）	− 0. 185 ** （− 2. 57）	− 0. 437 *** （− 8. 58）
常数项	7. 110 *** （5. 57）	7. 273 *** （5. 66）	10. 187 *** （7. 05）
R^2	0. 244	0. 482	0. 632

注：* $p < 0.1$，** $p < 0.05$，*** $p < 0.01$，括号中代表 P 值；FE 代表固定效应模型，RE 代表随机效应模型，POOL – OLS 代表混合效应模型。

资料来源：笔者计算整理。

4.5.2　污染产业转移对大气污染物影响动态面板回归结果

1. 污染产业转移对于二氧化碳的影响分析

在应用系统 GMM 动态面板模型对于人均二氧化碳回归之前，首先，应用 Hansen 检验系统 GMM 中工具变量的过度识别问题。从模型 1 和模型 2 结果可以看出，Hansen 检验 P 值分别是 0. 165 和 0. 146，说明模型中工具变量选取是合理的。随后，应用 AR（1）、AR（2）的 P 值检验模型合理性，从结果可以看出模型 1 和模型 2 残差一阶差分 P 值显著，残差二阶差分 P 值不显著，可以说明模型序列不相关，所以，我们认为模型设定基本是准确的，回归估计结果是可靠的。系统 GMM 模型回归结果如表 4 – 11 所示。

表 4 – 11   动态面板 GMM 估计结果

变量	模型 1	模型 2
L. $lnCO_2$	0. 761 *** （6. 94）	0. 83 *** （8. 99）
lnUR	0. 616 ** （2. 26）	0. 709 ** （2. 27）

变量	模型 1	模型 2
lnGDP	− 0.282 ** （− 2.27）	− 0.349 *** （− 3.07）
lnTR		− 0.036 *** （− 0.67）
lnER	0.094 *** （2.68）	0.11 ** （1.58）
lnST	0.238 ** （2.11）	0.19 ** （2.33）
lnFDI	− 0.047 （− 1.32）	− 0.017 （− 0.93）
lnIN	− 0.105 *** （− 2.79）	− 0.051 ** （− 2.46）
常数项	6.36 *** （3.63）	6.03 *** （3.15）
工具变量	30	30
AR（1）	0.002	0.002
AR（2）	0.175	0.160
Hansen test（p 值）	0.165	0.146
样本值	390	390

注：＊ p < 0.1，＊＊ p < 0.05，＊＊＊ p < 0.01，括号内代表的是 P 值，Arellano - Bond 和 Hansen 检验分别给出了所对应的 P 值。

资料来源：笔者计算整理。

表 4 - 11 显示模型 1 和模型 2 的回归结果，模型 1 是没有考虑污染产业转移变量的回归结果，模型 2 是考虑了产业转移指标的回归结果。从模型 1 的结果可以看出，人均 CO_2 的一阶滞后变量与人均 CO_2 排放显著正相关。城镇化与人均 CO_2 排放显著正相关，也就是说，1% 城镇化水平的提高能够带动 0.616% 碳排放的增长。城镇化快速发展一方面促进了经济增长和人民生活水平提高；另一面，增加了对钢材、水泥等产品需求，增加了能源、资源的消耗，造成了对环境的压力，从而增加了碳排放。人均实际 GDP 对人均 CO_2 排放量显著负相关，1% 人均 GDP 的增加能够带动 0.282% 碳排放减少。我们可以看出经济发展对碳排放起到了减排作用。经过几十年快速增长，中国经济已经取得了显著的成就，为了实现经济和环境可持续发展，当前中国正在不断进行产业结构调整、淘汰落后产能、积极推进新能源应用。并且技术和资本等非能源替代要素对于碳减排作用也十分突出。人均能源消费量与人均 CO_2 排放量显著正相关，1% 人均能源消费的增加能够带动 0.094% CO_2 排放量的

增长。主要是原因是中国的一次能源消费是以煤炭为主，并且由于中国煤炭利用主要是以燃烧为主，产生了大量的二氧化碳等温室气体，从而导致了中国碳排放的增长。第二产业占比与人均 CO_2 排放量排放显著正相关，1% 第二产业占比的增加能够带动 0.238% 碳排放的增加。当前，中国第二产业在中国经济增长中仍然占据重要地位，第二产业的增长方式仍然比较粗糙，其在促进中国经济快速增长的同时带来了对环境的压力。外商直接投资与人均 CO_2 排放量显著负相关，1% 外商直接投资的增加能够带来 0.047% 碳排放的减少。主要是由于近些年中国投资环境不断改善，外商直接投资带来了先进的资金支持、外部技术溢出效应，有利于中国碳排放的减少。环境治理投资与人均 CO_2 排放量显著负相关，1% 环境治理投资的增加能够带来 0.105% 碳排放的减少。伴随着国家对于环境污染问题的重视，对于环境问题的治理改善投资不断增长，通过企业设备更新换代以及低碳技术的广泛应用，降低了碳排放，起到了减少温室气体排放的目的。

在模型 1 基础上，模型 2 加入污染产业转移指标。从模型 2 可以看出，污染产业转移指数与二氧化碳排放量呈显著正相关，1% 污染产业转移增加能够带动 0.036% 人均二氧化碳排放量的减少。可以看出，伴随着污染产业在全国范围内的转移，有利于碳排放减少。可能的解释为，一方面，近些年来，为了实现经济和环境可持续发展，国家出台了一系列关于减少碳排放的法律法规，而污染产业作为主要碳排放行业，不断进行产业结构的调整，淘汰高污染、高排放设备，并且企业科技研发投入不断增加，低碳排放技术逐渐在污染产业中得到应用；另一方面，污染产业转移，给产业转入区带来了先进的技术支持，并有大量资金支持，并促进了当地产业的快速发展，有利于碳排放减少。从模型 2 结果可以看出，所有变量与人均 CO_2 排放量之间显著性，与模型 1 相同。人均 CO_2 排放量一阶滞后变量、城镇化、人均能源消费量的弹性系数为 0.83、0.709、0.11，与模型 1 比较，弹性系数增大了，增加了碳排放量，而第二产业弹性系数为 0.19，与模型 1 比较，弹性系数减小了，相对减少了碳排放量。另外，人均实际 GDP 的碳排放系数为 -0.349，而对外直接投资和环境治理投资碳排放系数分别为 -0.017 和 -0.051。考虑污染产业转移以后，人均实际 GDP 碳减排效果增强了，而外商直接投资和环境治理投资的碳减排效果降低了。

2. 污染产业转移对于二氧化硫的影响分析

在应用系统 GMM 动态面板模型对于人均二氧化硫回归之前，首先，应用 Hansen 检验系统 GMM 中工具变量的过度识别问题。从模型 3 和模型 4 结果可以看出，Hansen 检验 P 值分别为 0.223 和 0.216，说明模型 3 和模型 4 中工具变量选取是合理的。随后，应用 AR（1）、AR（2）的 P 值检验模型合理性，从结果可以看出模型 3 和模型 4 残差一阶差分 P 值为 0.003 和 0.004，残差二阶差分 P 值则都不显著，可以说明模型序列不相关，所以，我们可认为模型设定是基本准确的，回归估计结果是可靠的。系统 GMM 模型回归结果如表 4 - 12 所示。

表 4 - 12　　　　　　　　动态面板 GMM 模型估计结果

变量	模型 3	模型 4
L. $\ln SO_2$	0.759 *** （11.38）	0.771 *** （10.92）
$\ln UR$	0.13 *** （3.57）	0.124 *** （3.41）
$\ln GDP$	0.635 *** （4.34）	0.632 *** （4.14）
$\ln TR$		0.015 *** （0.5）
$\ln ER$	0.055 * （1.77）	0.045 （1.12）
$\ln ST$	0.296 ** （2.58）	0.277 ** （2.31）
$\ln FDI$	− 0.051 *** （− 2.6）	− 0.054 （− 2.49）
$\ln IN$	− 0.069 *** （− 2.88）	− 0.071 *** （− 3.18）
常数项	8.61 *** （4.5）	8.55 *** （4.35）
工具变量	30	30
AR（1）	0.003	0.004
AR（2）	0.779	0.79
Hansen test （p 值）	0.223	0.216
样本值	390	390

注：$* p < 0.1$，$** p < 0.05$，$*** p < 0.01$，括号内代表的是 P 值，Arellano - Bond 和 Hansen 检验分别给出了所对应的 P 值。
资料来源：笔者计算整理。

表 4 - 12 显示模型 3 和模型 4 回归结果，模型 3 是没有考虑污染产

业转移变量的回归结果，模型 4 是考虑了产业转移指标的回归结果。从模型 3 的结果可以看出，人均 SO_2 的一阶滞后变量与人均 SO_2 排放量显著正相关。城镇化与人均 SO_2 排放显著正相关，也就是说，1% 城镇化水平的提高能够带动 0.13% SO_2 排放量的增长。快速城镇化进程造成了对工业产品的大量需求，从而增加了 SO_2 等工业企业主要污染物排放量，带来了对环境的压力。人均实际 GDP 对人均 SO_2 排放量显著正相关，1% 人均 GDP 的增加能够带动 0.635% SO_2 排放量的增长。可能的解释是，工业经济是中国经济增长的主要动力，工业经济主要以消耗化石能源为主，其在促进中国经济增长的同时导致了化石能源消费量增长，从而引起了 SO_2 污染物排放量增长。人均能源消费量与人均 SO_2 排放量显著正相关，1% 人均能源消费的增加能够带动 0.055% SO_2 排放量的增长。SO_2 是能源消耗排放的主要污染物，伴随着能源消耗量的增长，SO_2 排放量持续增加。第二产业占比与人均 SO_2 排放量排放显著正相关，1% 第二产业占比的增加能够带动 0.296% SO_2 排放量的增加。第二产业主要包括工业和建筑业等高耗能行业，高耗能行业快速发展，造成了 SO_2 污染物排放量增长。外商直接投资与人均 SO_2 排放量显著负相关，1% 对外直接投资的增加能够带来 0.051% SO_2 排放量的减少。可以看出外商直接投资对于中国 SO_2 排放量的减少起到了积极的促进作用。环境治理投资与人均 SO_2 排放量显著负相关，1% 环境治理投资的增加能够带来 0.069% SO_2 排放量的减少。可以看出环境治理投资对于 SO_2 减排作用非常明显，并且 SO_2 是构成雾霾的主要成分。因而，环境治理投资的增加有利于中国环境问题解决。

模型 4 加入污染产业转移指标。从模型 4 结果可以看出，污染产业转移指数与 SO_2 排放量呈显著正相关，1% 污染产业转移增加能够带动 0.015% 人均 SO_2 排放量的增加。也就是说，污染产业转移增加了中国 SO_2 排放量。可能存在的原因为：一方面，由于污染产业主要转移到中国的中西部地区，而中国中西部地区生态环境脆弱，工业基础薄弱，为了快速发展经济，关于 SO_2 污染物排放的法律法规不够健全，污染产业转移在促进当地经济增长的同时，增加了 SO_2 污染物的排放；另一方面，中国污染行业本身实施的脱硫等减少 SO_2 排放技术发挥作用需要一定的时间，尤其是在中西部经济发展落后的地区。因而，短期内，污染产业发展造成了 SO_2 排放量增加。从模型 4 结果可以看出，所有变量与

人均 SO_2 排放量之间显著性,与模型 3 回归结果相同。模型 4 中城镇化、人均实际 GDP、人均能源消费量和第二产业占比的 SO_2 排放量弹性系数为 0.124、0.632、0.045、0.277,与模型 3 相比,弹性系数减少了,起到了 SO_2 减排作用,而 SO_2 滞后 1 期弹性系数为 0.771,与模型 3 比较,弹性系数增大了,增加了 SO_2 排放量。另外,对外直接投资和环境治理投资碳排放系数分别为 −0.054 和 −0.071。考虑污染产业转移以后外商直接投资和环境治理投资的 SO_2 减排效果加强了。

3. 污染产业转移对于烟尘的影响分析

在应用系统 GMM 动态面板模型对人均烟尘回归之前,首先,应用 Hansen 检验系统 GMM 中工具变量的过度识别问题。从模型 5 和模型 6 结果可以看出,Hansen 检验 P 值分别为 0.107 和 0.106,说明模型 5 和模型 6 中工具变量选取是合理的。随后,应用 AR(1)、AR(2)的 P 值检验模型合理性,从结果可以看出模型 5 和模型 6 残差一阶差分 P 值都为 0.000,残差二阶差分 P 值则都不显著,可以说明模型序列不相关,因而,我们认为模型设定基本是准确的,回归估计结果是可靠的。系统 GMM 模型回归结果如表 4 − 13 所示。

表 4 − 13　　　　　　　　　　动态面板 GMM 回归结果

变量	模型 5	模型 6
L. $\ln SO_2$	0.729 *** (16.62)	0.730 *** (20.31)
$\ln UR$	0.294 * (0.93)	0.545 * (1.92)
$\ln GDP$	−0.077 * (−0.52)	−0.172 *** (−1.31)
$\ln TR$		−0.014 *** (−2.97)
$\ln ER$	0.033 * (0.53)	0.149 ** (2.21)
$\ln ST$	0.412 ** (2.4)	0.445 ** (2.55)
$\ln FDI$	−0.115 *** (−3.65)	−0.074 (−2.25)
$\ln IN$	−0.103 ** (−2.24)	−0.05 (−1.03)
常数项	2.48 * (1.54)	3.04 ** (2.07)
工具变量	30	30
AR(1)	0.000	0.000

续表

变量	模型 5	模型 6
AR（2）	0.124	0.135
Hansen test（p 值）	0.107	0.106
样本值	390	390

注：＊p < 0.1，＊＊p < 0.05，＊＊＊p < 0.01，括号内代表的是 P 值，Arellano - Bond 和 Hansen 检验分别给出了所对应的 P 值。
资料来源：笔者计算整理。

表 4 - 13 显示了模型 5 和模型 6 回归结果，模型 5 是没有考虑污染产业转移变量的回归结果，模型 6 是考虑了产业转移指标的回归结果。从模型的 6 结果可以看出，人均烟尘的一阶滞后变量与人均烟尘排放量显著正相关。城镇化与人均烟尘排放显著正相关，也就是说，1% 城镇化水平的提高能够带动 0.294% 烟尘排放量的增长。城镇化进程增加了对高耗能、高污染工业产品的需求，城镇化发展过程中产生了大量烟尘污染物，从而造成了烟尘污染物排放量增加。人均实际 GDP 对人均烟尘排放量显著负相关，1% 人均 GDP 的增加能够带动 0.077% 碳排放的减少。可以看出经济增长促进了烟尘排放量减少。可能的原因是伴随经济快速增长，政府可以投资治理环境污染问题，减少烟尘污染物排放。人均能源消费量与人均烟尘排放量显著正相关，1% 人均能源消费的增加能够带动 0.033% 烟尘排放量的增长。由于能源消费主要是粗放增长方式，消费过程中产生了大量烟尘，从而造成烟尘排放量增长。第二产业占比与人均烟尘排放量排放显著正相关，1% 第二产业占比的增加能够带动 0.412% 烟尘排放量的增加。可以看出第二产业占比越多，烟尘排放量就会越多。对外直接投资与人均烟尘排放量显著负相关，1% 对外直接投资的增加能够带来 0.115% 烟尘排放量的减少。对外直接投资的增加有利于烟尘排放量减少。环境治理投资与人均烟尘排放量显著负相关，1% 环境治理投资的增加能够带来 0.103% 烟尘排放量的减少。

在模型 5 基础上，模型 6 加入污染产业转移指标。从模型 6 可以看出，污染产业转移指数与人均烟尘排放量呈显著正相关，1% 污染产业转移增加能够带动 0.014% 人均烟尘排放量的减少。可以看出，伴随着污染产业在全国范围内的转移，烟尘排放量会显著减少。这主要是由于：一方面，烟尘是工业企业主要的排放污染物，伴随着污染产业等高耗能行业新旧动能转换、技术进步、设备更新以及企业研发投入不断增加，烟尘排放量相对减少；另一方面，烟尘是构成 PM2.5 的主要成分，国家出台相关政策法规对雾霾天气进行治理，无论是污染产业转入区还是污染产业转出区对于国家相关政策的积极落实，有利于烟尘污染物排放量的减少。从模型 6 结果可以看出，所有变量与人均烟尘排放量之间的显著性，与模型 5 结果相同。人均烟尘排放量一阶滞后变量、城镇化、人均能源消费量和第二产业占比的弹性系数为 0.73、0.545、0.149 和 0.445，与模型 5 相比，弹性系数增大了，从而造成了烟尘排放量增加，另外，人均实际 GDP 的碳排放系数为 -0.172，而对外直接投资和环境治理投资碳排放系数分别为 -0.074 和 -0.05。考虑污染产业转移以后，人均实际 GDP 增加了烟尘排放量，而对外直接投资和环境治理投资起到了烟尘排放量减少的作用。

4.6　小　　结

　　本章主要研究分析污染产业转移对于 CO_2、SO_2 和烟尘污染物的影响情况。首先，本章利用污染排放强度指数，从大气污染物排放角度，对污染产业进行了定义。根据测算结果，本章定义污染产业主要包括 10 个行业：造纸及纸制品业、非金属矿物制品业、黑色金属冶炼及压延加工业、化学原料及化学制品制造业、纺织业、农副食品加工业、有色金属冶炼及压延加工业、电力/热力的生产和供应业、石油加工/炼焦及核燃料加工业、食品制造业。随后，分析了中国污染产业发展现状。

　　其次，本章分析了 2003～2015 年中国 CO_2、SO_2 和烟尘污染物的现状。从动态角度，利用区位熵指数划分了中国污染产业转入区和污染产业转出区。从结果可以看出，中国污染产业转出区包括：北京、天津、辽宁、黑龙江、山西、浙江、广东、上海、江苏，污染产业转入区包括：山东、河南、河北、内蒙古、湖北、湖南、吉林、安徽、福建、江西、云南、陕西、广西、海南、重庆、四川、贵州、甘肃、青海、宁夏和新疆。我们可以看出污染产业转出区主要集中在中国东部地区，而污染产业转入区主要集中在中国中西部地区，并且污染产业向中西部地区转移程度在逐年递增。

利用静态面板和动态系统 GMM 模型分析了 2003～2015 年中国 30 个省份污染产业转移对 CO_2、SO_2 和烟尘污染物排放的影响情况。从结果可以看出，污染产业转移对于 CO_2 和烟尘排放起到了减排作用，却增加了 SO_2 排放。因而，污染产业转移对于不同污染物起到了不同作用。另外，从人均 CO_2 排放量回归结果可以看出，人均 CO_2 排放滞后 1 期、城镇化、人均能源消费量和第二产业占比增加是造成碳排放增长的主要原因，而人均实际 GDP、外商直接投资和环境治理投资则起到了碳减排作用。从人均 SO_2 排放量回归结果可以看出，人均 SO_2 排放滞后 1 期、城镇化、人均实际 GDP、人均能源消费量和第二产业占比增加造成了 SO_2 排放量增长，而外商直接投资和环境治理投资则起到了 SO_2 减少作用。从人均烟尘排放量回归结果可以看出，人均烟尘排放滞后 1 期、城镇化、人均能源消费量和第二产业占比增加造成了烟尘排放量增长，而人均实际 GDP、外商直接投资和环境治理投资则起到了烟尘减少作用。

第5章 污染产业转移对于西部工业企业环境效率影响

中国西部地区积极出台相关政策措施承接东部地区污染产业转移，并将承接产业转移作为其促进经济快速增长、实现产业结构调整的重要动力。研究污染产业转移与西部地区工业企业环境效率之间的关系，对于实现西部地区工业企业节能减排和可持续发展具有重要意义。本章首先从静态和动态角度分析了西部地区工业企业环境效率；其次分析了污染产业转移对于西部不同区域工业企业环境效率的影响情况。

5.1 西部地区工业发展特点

中国西部地区是中国经济欠发达地区，西部地区幅员辽阔，矿产资源、旅游资源丰富。主要包括12个省份（重庆、四川、贵州、内蒙古、广西、云南、陕西、甘肃、青海、宁夏、新疆和西藏）。土地面积681万平方公里，占全国总面积的71%；人口约3.5亿人，占全国总人口的28%。

西部地区工业基础薄弱，工业发展相对滞后。近些年，伴随着西部大开发的持续推进以及国家对于西部经济发展相关政策措施的不断实施，西部地区工业经济发展取得了显著成就。根据中国统计年鉴数据，得到西部地区工业产值如图5-1所示。

图5-1显示了2003~2015年西部地区工业总产值变化情况。由于数据原因，本章统计西部11个地区工业数据不包括西藏地区。2003年，西部地区工业产值为15425亿元，2015年西部地区工业产值达到131120亿元，较2003年增长了7.5倍，年均增长19.52%，明显高于全国平均15%的增长水平。

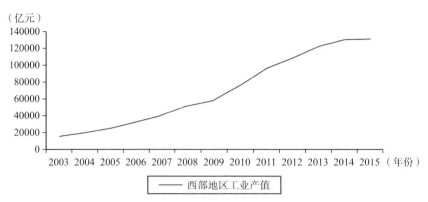

图 5 - 1　2003~2015 年西部地区工业企业总产值

资料来源：2004~2016 年中国统计年鉴。

5.2　西部地区工业企业环境效率研究

5.2.1　模型构建和变量选取

1. SBM 模型

数据包络分析（Data Envelopment Analysis，DEA）是一个线性规划模型，最初由查恩斯（Charnes，1978）等人提出。班克等（Banker et al.，1984）扩展了该方法，DEA 模型通过比较决策单元的投入产出比率来衡量它们的相对效率。DEA 模型通常分为投入导向和产出导向。投入导向模型的目标是投入最小化，而产出导向的模型的目标则是寻求产出最大化。DEA 模型已经广泛用于效率评价。

处理非期望产出的方法主要有两种：弱处置性和强处置性。弱处置性是指减少非期望产出的同时不可避免地减少了期望产出。强处置性意味着处理非期望产出不需要以减少期望产出为代价。本章选取 SBM（Slacks - Based Measurement）模型，SBM 模型强处置能力模型比弱处置能力模型合理，而且在处理非期望产出时，SBM 模型是考虑非期望产出的非径向、非角度模型，这种方法与其他方法不同之处在于直接把非期望产出按照实际生产过程作为产出处理。

在 SBM－DEA 方法中，假设有 n 个决策单元，并且每个决策单元都由三个因素构成，分别是投入变量、期望产出变量和非期望产出变量，分别由 X、Y 和 D 表示。每个决策单元使用 m 个投入变量来生产 S1 个期望产出变量和 S2 个非期望产出变量。我们将矩阵 X、Y 和 D 分别定义为 $X = [x_{ij}] = [x_i, \cdots, x_n] \in R^{m*n}$，$Y = [y_{ij}] = [y_i, \cdots, y_n] \in R^{s1*n}$，$D = [d_{ij}] = [d_i, \cdots, d_n] \in R^{s2*n}$。生产可能性集合（P）被定义为：

$$P = \{(x, y, d) \mid x \geqslant X\lambda, \ y \leqslant Y\lambda, \ d \geqslant D\lambda, \ \lambda \geqslant 0\} \qquad (5.1)$$

在式（5.1）中，λ 是非负强度向量，意味着上述定义对应于规模报酬不变（CRS）情况。具有非期望产出 SBM－DEA 模型如下：

$$\text{Minimize}\beta = \left(1 - \frac{1}{M}\sum_{i=1}^{M}\frac{S_i^-}{X_{i0}}\right) \Big/ \left(1 + \frac{1}{N+Q}\left(\sum_{r=1}^{N}\frac{S_r^+}{y_{r0}} + \sum_{j=1}^{Q}\frac{S_j^-}{u_{r0}} + \right)\right)$$

$$\sum_{K=1}^{K}\lambda_k x_{ik} + s_i^- = x_{i0}, \ i = 1, \cdots, M$$

$$\sum_{K=1}^{K}\lambda_k y_{rk} - s_r^+ = y_{r0}, \ r = 1, \cdots, N$$

$$\sum_{K=1}^{K}\lambda_k u_{jk} + s_j^- = u_{j0}, \ j = 1, \cdots, Q$$

$$\lambda_k, \ s_i^-, \ s_r^+, \ s_j^- \geqslant 0, \ \forall k, i, r, j \qquad (5.2)$$

式（5.2）中，S_i^- 和 S_j^- 分别代表决策单元的投入和非期望产出过剩，S_r^+ 则代表决策单元期望产出不足。当 β = 1 时，则 $S_i^- = S_j^- = S_r^+ = 0$，代表决策单元完全有效率，不存在投入和非期望产出的过剩和期望产出的不足的情况；当 β < 1 时，表明决策单元存在效率损失，通过投入和产出优化来改善环境效率。由于模型（5.2）不是线性约束，用 Charnes－Cooper 对其进行转化（Tone，2001），也在目标函数和约束函数中加入非期望产出，把最优化问题转化成线性模型，建立线性方程如下：

$$\text{Minimize}\beta = t - \frac{1}{M}\sum_{i=1}^{M}\frac{s_i^-}{x_{i0}}$$

$$t + \frac{1}{N+Q}\left(\sum_{r=1}^{N}\frac{s_r^+}{y_{r0}} + \sum_{j=1}^{Q}\frac{s_j^-}{u_{j0}}\right) = 1$$

$$\sum_{K=1}^{K}\wedge_k x_{ik} + S_i^- = tx_{i0}, \ i = 1, \cdots, M$$

$$\sum_{K=1}^{K}\wedge_k y_{rk} - S_r^+ = ty_{r0}, \ r = 1, \cdots, N$$

$$\sum_{K=1}^{K} \wedge_k u_{jk} + S_j^- = tu_{j0}, \quad j = 1, \cdots, Q$$

$$\wedge_k, \ s_i^-, \ s_r^+, \ s_j^- \geqslant 0, \ t > 0, \ \forall k, i, r, j$$

其中， $\wedge_k = t\lambda_k, \ S_i^- = ts_i^-, \ S_r^+ = ts_r^+, \ S_j^- = ts_j^-$ (5.3)

2. Malmquist – Luenberger 指数

钟等（Chuang et al., 1997）提出了 Malmquist – Luenberger 指数，该指数主要用于衡量加入非期望产出后生产率的变化情况，并且全要素生产率分解成技术水平和技术效率两部分。根据方向距离函数，从 t 为基期到 t + 1 期的 Malmquist – Luenberger 指数如下：

$$ML_t^{t+1} = \left[\frac{(1 + \overrightarrow{D}_0^{t+1}(x^t, y^t, b^t; y^t, -b^t))}{(1 + \overrightarrow{D}_0^{t+1}(x^{t+1}, y^{t+1}, b^{t+1}; y^{t+1}, -b^{t+1}))} \right.$$

$$\left. \times \frac{(1 + \overrightarrow{D}_0^t(x^t, y^t, b^t; y^t, -b^t))}{(1 + \overrightarrow{D}_0^t(x^{t+1}, y^{t+1}, b^{t+1}; y^{t+1}, -b^{t+1}))} \right]^{\frac{1}{2}}$$ (5.4)

式（5.4）中，ML 是指 Malmquist – Luenberger 指数，t 代表时期，x 是投入变量，y 代表期望产出，b 代表非期望产出。Malmquist – Luenberger 指数又可以分为技术效率指数（MLEFFCH）和技术进步指数（MLTECH）：

$$ML_t^{t+1} = MLEFFCH_t^{t+1} \times MLTECH_t^{t+1}$$ (5.5)

$$MLEFFCH_t^{t+1} = \frac{1 + \overrightarrow{D}_0^t(x^t, y^t, b^t; y^t, -b^t)}{1 + \overrightarrow{D}_0^{t+1}(x^{t+1}, y^{t+1}, b^{t+1}; y^{t+1}, -b^{t+1})}$$ (5.6)

$$MLTECH_t^{t+1} = \left[\frac{(1 + \overrightarrow{D}_0^{t+1}(x^t, y^t, b^t; y^t, -b^t))}{(1 + \overrightarrow{D}_0^t(x^t, y^t, b^t; y^t, -b^t))} \right.$$

$$\left. \times \frac{(1 + \overrightarrow{D}_0^{t+1}(x^{t+1}, y^{t+1}, b^{t+1}; y^{t+1}, -b^{t+1}))}{(1 + \overrightarrow{D}_0^t(x^{t+1}, y^{t+1}, b^{t+1}; y^{t+1}, -b^{t+1}))} \right]^{\frac{1}{2}}$$ (5.7)

当 ML > 1，代表全要素生产率的增长，ML < 1，代表全要素生产率的下降，ML = 1 则代表在两个时期内全要素生产率没有发生变化；MLEFFCH > 1，表示技术效率增长，MLEFFCH > 1 表示技术效率下降，MLEFFCH = 1 则表明在两个时期内技术效率没有发生变化；MLTECH > 1，表示技术进步增长，MLTECH < 1，表示技术进步下降，MLTECH = 1 则

表明在两个时期内技术进步没有发生变化。

3. 数据收集

本章收集了 2003～2015 年西部 11 个省份工业企业数据资料（西藏由于缺乏数据除外）。数据主要来自中国统计年鉴（2004～2016）[1]，中国工业统计年鉴（2004～2016）[2]，中国能源统计年鉴（2004～2016）[3]，中国科技统计年鉴（2004～2016）[4]，中国环境统计年鉴（2004～2015）[5]。在本章中，我们选择工业企业劳动力人数、资本和能源消耗量作为投入变量。工业总产值作为期望产出，工业二氧化碳、二氧化硫和烟尘排放量作为非期望产出。变量描述如下：

（1）劳动力人数。劳动力人数是指每年年底各省工业企业从业人数。

（2）资本。选取各个省份工业企业固定资产投资作为资本变量。并以 2003 年价格指数平减。

（3）能源消耗量。本章选取各个省份工业企业年末能源消耗量作为能源投入变量。

（4）工业总产值。以各省份工业企业年末总产值作为期望产出。工业产值变量以 2003 年价格指数平减。

（5）SO_2 排放量。以各省份工业企业年末排放的 SO_2 排放量作为非期望产出。

（6）烟尘排放量。以各省份工业企业年末排放的烟尘排放量作为非期望产出。

（7）CO_2 排放量。按照第 3 章中的计算公式得到。变量描述性统计如表 5-1 所示。

---

① 中华人民共和国统计局：《中国统计年鉴（2016）》，中国统计出版社 2016 年版。
② 国家统计局工业司：《中国工业统计年鉴（2016）》，中国统计出版社 2016 年版。
③ 国家统计局能源司：《中国能源统计年鉴（2016）》，中国统计出版社 2016 年版。
④ 国家统计局社会科技和文化产业统计司和科学技术部创新发展司：《中国科技统计年鉴（2016）》，中国统计出版社 2016 年版。
⑤ 中华人民共和国统计局：《中国环境统计年鉴（2016）》，中国统计出版社 2016 年版。

表 5 – 1   变量描述性统计

变量	平均值	标准差	最大值	最小值
劳动力（百万）	1.533	1.693	7.371	0.144
资本（千亿人民币）	0.671	0.536	3.092	0.117
能源消费（百万吨标准煤）	55.833	32.892	145.741	7.276
国内生产总值（千亿人民币）	3.288	2.143	10.342	0.331
二氧化硫排放量（百万吨）	0.624	0.315	1.386	0.059
烟尘排放量（百万吨）	0.267	0.180	0.823	0.042
二氧化碳排放量（百万吨）	141.247	83.224	368.727	18.396

资料来源：笔者计算整理。

5.2.2 西部地区工业企业环境效率

借助 SBM – DEA 模型，2003～2015 年中国西部地区 11 个省份工业企业环境效率值如表 5 – 2 所示。从表 5 – 2 中可以看出，2003～2015 年中国西部 64% 省份的工业企业平均环境效率值在 0.9 以下。4 个省份（内蒙古，重庆，广西和陕西）工业企业平均环境效率值在 0.9～1，6 个省份（四川，云南，甘肃，青海，宁夏和新疆）工业企业平均环境效率值在 0.7～0.9，仅有贵州工业企业环境效率值低于 0.6。可以看出西部地区各个省份工业企业环境效率值呈现出显著差异性，内蒙古和陕西工业企业平均环境效率值最高达到 0.99。可能的原因是由于，西部大开发以来，内蒙古和陕西积极进行产业调整，不断加大技术创新，积极发展风能、太阳能等可再生能源，并且加大对节能减排的投入力度，绿色环保相关的新技术能够不断应用于企业的实践中，努力实现工业企业可持续健康发展。而贵州工业企业环境效率值最低为 0.57。由于贵州地区煤炭，矿产资源丰富，高能耗高排放行业（煤化工，冶金，电力）发展迅速，是我国重要的西电东送基地。与此同时，贵州地区生态环境脆弱，工业企业发展促进当地经济快递增长，同时对当地环境造成了严重破坏。因而，贵州工业企业环境效率值较低。

表5-2 2003～2015年西部地区工业企业环境效率

省份	2003年	2004年	2005年	2006年	2007年	2008年	2009年	2010年	2011年	2012年	2013年	2014年	2015年	平均值
内蒙古	1.00	0.94	1.00	1.00	1.00	1.00	0.97	0.95	0.99	1.00	1.00	1.00	1.00	0.99
广西	0.99	0.99	1.00	1.00	1.00	0.97	0.91	0.90	0.77	0.77	0.76	0.83	1.00	0.91
重庆	1.00	0.98	1.00	0.98	0.97	0.90	0.94	0.89	0.88	0.93	0.93	0.96	1.00	0.95
四川	0.56	0.56	0.68	0.75	0.65	0.65	0.73	0.87	0.89	1.00	1.00	1.00	1.00	0.79
贵州	0.61	0.58	0.59	0.61	0.64	0.58	0.52	0.53	0.61	0.58	0.56	0.54	0.50	0.57
云南	0.82	0.84	0.84	0.84	0.75	0.74	0.73	0.76	0.89	0.87	0.94	0.98	1.00	0.85
陕西	1.00	0.99	1.00	1.00	0.99	1.00	1.00	0.89	1.00	1.00	0.99	1.00	1.00	0.99
甘肃	0.83	0.75	0.80	0.76	0.74	0.72	0.72	0.76	0.89	0.83	0.84	0.84	0.88	0.80
青海	1.00	0.70	0.68	0.61	1.00	1.00	0.74	0.69	0.62	0.60	0.56	0.55	0.56	0.72
宁夏	1.00	1.00	0.85	0.83	0.81	0.79	0.71	0.68	0.87	0.87	0.84	0.71	0.70	0.82
新疆	0.67	0.74	0.73	0.78	0.77	0.77	0.78	0.79	0.92	0.95	1.00	1.00	1.00	0.84
平均效率值	0.86	0.82	0.83	0.83	0.85	0.83	0.80	0.79	0.85	0.86	0.86	0.86	0.88	

资料来源：笔者计算整理。

从各个省份工业企业环境效率值变化趋势可以看出，2003～2015年，仅有贵州，青海和宁夏呈现出工业企业环境效率值下降的趋势。2003年，工业企业环境效率值达到1的有5个省份（内蒙古、重庆、陕西、青海和宁夏），到了2015年，工业企业环境效率值达到1的有7个省份（内蒙古、广西、重庆、四川、云南、陕西和新疆）。可以产出，西部地区各个省份工业企业环境效率有了明显改善。

总之，尽管总体上西部地区工业企业环境效率有改善的趋势，但其环境效率值却相对较低。这主要是由于：一方面，西部地区拥有丰富的煤炭和其他矿产资源。为了快速发展经济，对化石等非可再生能源的依赖程度高。化石能源燃烧产生大量污染物，对环境破坏力度大。并且西部地区无论是人力、物力和财力，还是低碳发展技术应用都相对匮乏，不利于环境状况改善。另一方面，西部地区生态环境脆弱，而且当地居民的环保意识比较薄弱。为了吸引外资，发展当地经济，国家出台的各种环保法规政策并没有得到很好的执行和实施。因而，西部地区工业企业环境效益有很大改善空间。

5.2.3　区域工业企业环境效率差异

为了对比各个区域工业企业环境效率的差异，本章根据相关地域划分将西部11个省份划分为西南地区和西北地区。西南地区包括：四川、贵州、云南、广西、重庆。西北地区包括：甘肃、青海、宁夏、内蒙古、陕西、新疆。表5－3显示2003～2015年西北地区和西南地区工业企业环境效率的变化情况。从表5－3可以看出，2003～2006年，西北地区工业企业环境效率呈现出下降的趋势，而西南地区工业企业环境效率则呈现出改善的态势。2006～2014年，西北地区和西南地区工业企业环境效率呈现出变动势头。2014年以后，西南地区工业企业环境效率超过西北地区工业企业环境效率。可以看出，经过十几年西部大开发以及国家出台的促进西部地区可持续发展政策法规激励下，西南地区比西北地区能更好地平衡好工业企业经济可持续发展和环境保护之间的关系。

表 5 – 3　　　2003～2015 年中国西部不同区域工业企业环境效率值

年份	西部地区	西北地区	西南地区
2003	0.861	0.915	0.796
2004	0.825	0.854	0.790
2005	0.833	0.843	0.821
2006	0.833	0.831	0.837
2007	0.847	0.886	0.801
2008	0.828	0.879	0.767
2009	0.795	0.820	0.766
2010	0.791	0.793	0.789
2011	0.850	0.883	0.809
2012	0.855	0.876	0.830
2013	0.857	0.872	0.840
2014	0.855	0.850	0.861
2015	0.877	0.858	0.900

资料来源：笔者计算整理。

　　总之，2003～2015 年西部地区工业企业整体环境效率值呈现出波动态势。2003～2010 年，环境效率值呈现出下降趋势，2010 年之后则呈现出上升势头。主要是由于中国西部地区是经济欠发达地区，而且还缺乏资金和技术。西部大开发为西部地区赋予了税收和土地方面的优惠政策，吸引了大批企业来西部地区投资建厂。然而，为了追求经济的快速发展，西部地区环境保护监管规则相对宽松，工业企业在促进经济发展的同时对环境造成了破坏。因而，工业企业环境效率呈现下降态势。2010 年，在国家相关产业转移政策指引下，跨区域产业转移成为促进西部地区工业企业可持续发展的重要动力，有利于推动西部地区工业企业科技创新，促进其进行产业结构调整，促进了西部地区工业企业转型升级。因而，2010 年以后，西部地区工业企业环境效率呈现出改善态势。

5.2.4 西部地区工业企业全要素生产率研究

1. 从动态角度分析中国西部地区工业企业全要素生产率及其变动情况

表 5-4 列出了中国西部地区工业企业全要素生产率指数及其变动情况。在不考虑环境因素的情形下，2003～2015 年，中国西部地区工业企业全要素生产率增长率为 2.1%，技术进步（2.4%）促进了全要素生产率的增长，技术效率（-0.3%）则抑制了全要素生产率的增长。从而可以看出，技术进步有利于促进生产率增长，而借助技术效率改善生产率增长还有很大的改进空间。在考虑环境因素以后，中国西部地区工业企业全要素生产率增长率为 4.3%，技术进步（4.5%）对全要素生产率有促进作用，技术效率（-0.2%）则抑制全要素生产率的增长。与未考虑环境因素相比，环境约束下，中国西部地区工业行业全要素生产率、技术进步和技术效率分别增长了 2.2%，2.1% 和 0.1%。可见，环境因素影响了中国西部地区工业行业环境效率的测算，若不考虑环境因素，则会低估中国西部地区工业企业全要素生产率、技术进步以及技术效率。

表 5-4　　2003～2015 年中国西部地区工业企业生产率及其变动情况

年份	未考虑环境因素生产率指数			考虑环境因素生产率指数		
	全要素生产率	技术效率	技术进步	全要素生产率	技术效率	技术进步
2003～2004	1.021	1.002	1.019	1.047	0.961	1.090
2004～2005	1.015	0.987	1.028	1.019	0.983	1.037
2005～2006	1.008	0.994	1.014	1.029	0.992	1.037
2006～2007	1.104	1.103	1.002	1.166	1.119	1.042
2007～2008	1.023	0.998	1.026	1.108	0.996	1.112
2008～2009	0.976	0.971	1.005	0.953	0.932	1.022
2009～2010	1.016	0.996	1.021	1.084	0.995	1.089
2010～2011	0.975	0.956	1.019	0.837	1.061	0.789
2011～2012	1.019	0.991	1.028	1.111	0.991	1.121

续表

年份	未考虑环境因素生产率指数			考虑环境因素生产率指数		
	全要素生产率	技术效率	技术进步	全要素生产率	技术效率	技术进步
2012~2013	1.054	0.991	1.064	1.064	0.969	1.098
2013~2014	1.006	0.977	1.030	1.002	0.996	1.006
2014~2015	1.040	1.005	1.034	1.080	0.981	1.101
平均	1.021	0.997	1.024	1.043	0.998	1.045

资料来源：笔者计算整理。

从中国西部地区工业企业全要素生产率的增长情况看，除去 2007~2008 年以及 2010~2011 年外，两种情况下中国西部地区工业企业全要素生产率均呈现增长趋势。2008 年受到国际金融危机的影响，西部地区工业企业生产率呈现负增长。2007~2008 年，未考虑环境因素和考虑环境因素中国西部地区工业企业生产率分别下降 2.4% 和 4.7%。可以看出金融危机对于考虑环境因素的西部地区工业企业生产率有较大的抑制作用。2010~2011 年，未考虑环境因素和考虑环境因素中国西部地区工业企业生产率分别下降 2.5% 和 16.3%。可能的原因是，西部地区正在借助资源和成本优势，积极推动产业转移。跨区域产业转移已经成为中国区域政策中促进区域经济协调发展的重要手段。然而，由于西部地区生态环境脆弱，相关的环境保护法律法规不健全。因而，西部地区工业企业呈现出生产率下降的趋势。

对于技术进步而言，2003~2015 年，无论是否考虑环境因素，中国西部地区工业企业技术进步都呈现出增长的趋势，技术进步是促进生产率增长的主要力量。这是由于技术进步不仅促进了工业产业升级换代，而且还促进了劳动、资本等要素的合理利用，从而促进了生产率的提高。而对于技术效率而言，无论是否考虑环境因素，除个别年份外，中国西部地区工业行业技术进步都呈现出下降的趋势。因而，改进技术效率对于提高中国西部地区工业企业生产率具有现实意义。

2. 从静态角度分析中国西部地区工业企业全要素生产率及其变动情况

表 5-5 列出中国西部地区各省工业企业全要素生产率及其变动情

况。从表5-5中可以看出,与未考虑环境因素相比,加入环境因素以后,广西、重庆、四川、云南、甘肃和宁夏生产率都有了明显提高。可以看出环境规制对于大部分西部地区工业企业生产率的提高起到了促进作用。另外,无论考虑或者未考虑环境因素,内蒙古地区的生产率增长率最高,分别为14.8%和4.5%。技术进步是促进其生产率增长的主要因素。而对于贵州而言,无论考虑或者未考虑环境因素,贵州地区的生产率增长率最低,分别为下降了0.6%和2.7%。与静态环境效率结论是一致的。

表5-5　2003~2015年西部地区各省工业行业全要素生产率及其变动情况

各省份及平均	不考虑环境因素生产率指数			考虑环境因素生产率指数		
	全要素生产率	技术效率	技术进步	全要素生产率	技术效率	技术进步
内蒙古	1.045	1.000	1.045	1.142	1.000	1.142
广西	1.021	0.999	1.021	1.048	1.000	1.048
重庆	1.027	1.005	1.022	1.039	1.000	1.039
四川	1.032	1.017	1.014	1.148	1.061	1.083
贵州	0.994	0.948	1.048	0.973	0.936	1.039
云南	1.009	1.000	1.009	1.013	1.000	1.013
陕西	1.012	1.000	1.012	1.010	1.000	1.010
甘肃	1.024	1.010	1.015	1.050	1.009	1.041
青海	1.020	1.001	1.020	1.020	1.001	1.019
宁夏	1.019	1.004	1.015	1.020	1.004	1.017
新疆	1.028	0.985	1.043	1.018	0.971	1.049
平均	1.021	0.997	1.024	1.043	0.998	1.450

资料来源:笔者计算整理。

　　总之,尽管加入环境因素对于西部地区个别省份的工业企业生产率增长起到了抑制的作用,但对于大部分省份的工业企业生产率的增长起到了促进的作用。可以看出环境规制尽管短期可能增加企业成本,但长期看对于西部地区工业企业改进企业生产效率、转变经济发展方式,以

及实现经济和环境均衡发展起到了至关重要的作用。另外，技术进步是
促进各省份生产率增长的主要因素。

5.3　污染产业转移对于西部地区工业企业环境效率影响研究

5.3.1　影响因素选取

本章选取污染产业转移指标作为衡量西部地区工业企业环境效率的
核心指标，另外环境治理投资、人均实际 GDP、外商直接投资、研发投
入、国有工业产值在总工业产值中占比作为控制变量。

污染产业转移指标。污染产业转移在促进西部地区工业经济发展的
同时，会伴随着对西部地区环境造成影响。为了研究污染产业转移与中
国西部地区工业环境效率之间的关系，本章选取污染产业转移指标，假
定污染产业转移改善了西部地区工业企业环境效率。

环境治理投资。一方面，政府通过制定和出台严格环境保护的具体
规章制度和法规，并通过加大对于环境污染治理的投资，促进了企业产
业结构升级改造，并且提高公众的环保意识，提高了环境效率，从而有
利于环境状况改善；另一方面，环境监管由于要求企业进行强制性污染
控制，从而增加了企业成本，可能成为企业技术创新的关键障碍，并对
环境效率改善起到不利的作用。为了研究环境治理投资和工业企业环境
效率之间的关系，我们将环境治理投资定义为环境污染治理投资额与当
年工业产值的比值。

研发投入。科技研发投入可以有效促进企业技术进步，提高企业生
产效率，降低其管理成本，逐步提高企业能源和资源利用率，从而有利
于减少工业企业污染物排放，改善其环境效率。因而，科技研发投入对
提高环境效率起着重要作用。我们将研发投入定义为科技研发投入与当
年工业产值的比值。

外商直接投资。污染天堂假说指出，污染产业倾向于从环境规制高
的国家向环境规制标准相对较低的国家或地区转移。然而，当前研究人

员尚未对污染天堂假说达成一致。一些学者认为外商直接投资可以给东道国带来资本、先进技术和管理经验。因而，外商直接投资对促进东道国环境效率改善起到了积极的作用。然而，另一些学者认为外商直接投资对于东道国经济发展是以能源消耗和环境为代价的，对于东道国环境效率起到了负效应。本章为了探讨外商直接投资和西部地区工业企业环境效率之间的关系，将外商直接投资定义为外商直接投资总额与当年工业产值的比值。

人均实际 GDP。人均 GDP 是衡量地区相对经济规模和发展水平的重要指标。人均 GDP 对中国东部和中部地区的环境效率有显著促进影响，但对中国西部地区的环境效率起到了消极作用。我们将人均 GDP 定义为地区 GDP 与当地总人口比值，人均实际 GDP 按 2003 年价格指数平减。

国有控股企业占比。与私有以及外资企业相比，国有控股企业生产率低下，管理体制复杂，国有控股企业占比越高，越不利于工业企业能源效率的改善。在本章中，我们将国有控股企业占比定义为国有工业产值在总工业产值中的占比。

5.3.2 模型构建

基于 SBM – DEA 计算的西部地区工业企业环境效率值是在 0 ~ 1 之间连续的受限变量，且效率值是片段和非负的，最小二乘回归方法对模型进行回归，其结果可能是有偏差且不一致。Tobit 模型属于受限因变量和截断计量经济学模型，能够遵循最大似然估计完全一致参数估计。本章选取面板 Tobit 模型处理受限因变量，对污染产业转移、环境治理投资、人均实际 GDP、外商直接投资、研发投入、国有工业产值在总工业产值中占比进行回归。另外，为了消除异方差，对解释变量进行对数化处理，建立面板回归方程如下：

$$EE_{it} = \beta_0 + \beta_1 \ln PIT_{it} + \beta_2 \ln EG_{it} + \beta_3 \ln RD_{it} + \beta_4 \ln FDI_{it}$$
$$+ \beta_5 \ln STATE_{it} + \beta_6 \ln GDP_{it} + \varepsilon_{it} \tag{5.8}$$

在式（5.8）中，EE 代表西部地区工业企业环境效率，PIT 代表污染产业转移指数，EG 代表环境治理投资，RD 代表研发投入，FDI 代表对外直接投资，GDP 代表人均实际 GDP，STATE 代表国有工业产值在总工业产值中占比；i 代表西部地区不同的省份，t 代表时间（2003～2015年），ε 代表随机误差项。

5.3.3　结果分析

在 Tobit 面板追踪回归之前，我们使用方差膨胀因子（VIF）分析来检验各个变量之间的多重共线性，以避免虚假变量回归。结果可以看出，所有影响因素 VIF 值都小于 10，说明变量之间不存在多重共线性。另外，我们分析了污染产业转移对于西部不同区域环境效率的影响情况。表 5－6 列出 2003～2015 年污染产业转移指标和其他影响因素对西部地区工业企业环境效率影响的 Tobit 面板回归结果。

表 5－6　　　　　　　　　　　面板 Tobit 回归结果

变量	西部地区	西北地区	西南地区
lnEG	0.082 ** （2.56）	0.16 *** （4.08）	0.077 * （1.9）
lnGDP	－ 0.119 *** （－ 2.95）	－ 0.079 （－ 1.6）	－ 0.159 ** （－ 2.49）
lnPIT	0.192 *** （2.71）	0.151 *** （3.78）	0.217 * （1.77）
lnFDI	0.029 * （1.76）	0.088 *** （4.69）	－ 0.068 ** （－ 2.35）
lnRD	0.212 *** （3.68）	0.075 * （1.69）	0.232 ** （2.45）
lnState	－ 0.154 ** （－ 1.98）	－ 0.116 （－ 1.2）	－ 0.35 *** （－ 2.87）
VIF	1.46	1.52	2.77
常数项	4.264 *** （6.74）	3.74 *** （5.33）	4.093 *** （5.15）
对数似然值	57.833	35.99	37.35

注：* p < 0.1，** p < 0.05，*** p < 0.01，括号中数字为 Z 统计量检验值。
资料来源：笔者计算整理。

从回归结果可以看出，对于西南地区而言，污染产业转移增加 1%将导致西南地区工业企业环境效率值提高 0.217%。对于西北地区而言，污染行业转移增加 1%将导致西南地区工业企业环境效率值提高0.151%。相比于西北地区工业企业环境效率，污染产业转移对于西南地区工业企业环境效率改善具有更大促进作用。整体上污染产业转移指标（PIT）对西部地区工业企业环境效率具有显著的正相关关系。可能的解释有以下几点：首先，污染产业转移为西部地区工业企业带来了丰富的人力资本、充足的货币资金和先进的企业管理经营方法，有利于提高企业劳动生产率，调整产业分工体系，提高企业的经济效益和规模效益，促进西部地区工业企业经济发展。其次，污染产业转移有利于西部地区工业进行科技创新和技术进步，提高资源利用率，从而降低能源投入的边际成本。因而，污染产业转移对于西部地区工业企业环境效率改善具有积极作用。最后，污染产业转移推动了承接污染产业转移地区的管理体制改革。一方面，承接地区地方政府积极加大基础设施投入，加强公共服务平台建设，承接污染产业转移，促进地方经济发展；另一方面，地方政府加强资源节约和环境保护，把资源承载力、生态承载力作为衡量污染转移产业的重要依据。并通过制定环保标准严格行业准入门槛。所有这些都有利于西部地区工业企业环境效率的改善和提高。

环境治理投资对西部地区工业企业环境效率具有显著的积极影响。对于西北地区而言，环境治理投资每增加 1%，工业企业环境效率就会提高 0.16%，而对于西南地区而言，环境治理投资每增加 1%，工业企业环境效率就会提高 0.077%。可以看出环境治理投资也是促进西部地区环境效率改善的重要因素。因而，政府应该出台专门关于西部地区工业企业环境治理相关的政策法规，同时加强和监督相关政策的落实情况，借助政策手段改善西部地区的环境状况。

研发投入与工业企业环境效率显著正相关，即研发投入越高，工业企业环境效率越高。对于西北地区而言，环境治理投资每增加 1%，工业企业环境效率就会提高 0.075%，而对于西南地区而言，环境治理投资每增加 1%，工业企业环境效率就会提高 0.232%。这是由于研发投入有效地促进了企业知识创新和技术进步，提高企业能源利用效率，降低能源消耗，从而逐步减少污染物排放。此外，它可以降低企业管理成本，提高企业的经济效益，促进当地经济的快速增长。总体而言，研发投入是提高工业企业环境效率，平衡经济和环境可持续的重要指标。

外商直接投资与西北地区工业企业环境效率显著正相关。也就是说，外商直接投资增长 1% 时，工业企业环境效率将提高 0.088%。而对于西南地区而言，外商直接投资与其工业企业环境效率呈显著负相关，外商直接投资增长 1% 时，工业企业环境效率将下降 0.068%。可以看出外商直接投资对于西部不同地区工业企业环境效率起到了不同的作用。外商直接投资有利于西北地区工业企业环境效率的提高，而对于西南地区，外商直接投资则不利于该地区工业企业环境效率的改善。

人均实际 GDP 与西部地区工业企业环境效率显著负相关。对于西北地区而言，人均实际 GDP 增加 1%，工业企业环境效率就会下降 0.079%，而对于西南地区而言，人均实际 GDP 增加 1%，工业企业环境效率则会下降 0.159%。这是由于西部地区经济基础薄弱，生态环境脆弱。经济快速发展是以工业企业能源消耗为代价，造成了对环境的压力。同时，工业企业自身缺乏对于环境问题的关注。因而，不合理的经济增长方式不利于工业企业环境效率的提高。

国有控股企业占比与西南地区工业企业环境效率呈显著负相关关系。也就是说，国有工业企业占比越高，工业企业环境效率越低。主要是由于体制机制的原因，与私有以及外资企业相比，国有控股企业模棱两可的财产权利、所有权制度以及严格运行体制，并且对于相关节能减排政策的落实以及实施具有滞后作用。因而，国家应该加大国有企业改革，积极鼓励民营资本以及外资企业发展。同时，应该提高国有企业的生产经营效率，提高其能源和资源的利用率。

69

5.4　小　　结

本章首先基于 SBM – DEA 非期望产出模型计算了西部 11 个省份工业企业静态环境效率，结果表明，2003 ~ 2015 年，西部地区工业企业环境效率整体上呈下降趋势，2010 年以后工业企业环境效率呈逐步上升态势。西部地区工业环境效率呈现出明显区域差异，内蒙古和陕西具有较高工业企业环境效率，而贵州的工业企业环境效率较差。

其次，从动态角度，基于考虑环境因素的 Malmquist – luenberger（ML）指数测算了 2003 ~ 2015 年中国西部 11 个省份工业行业全要素生产率的动态变化情况。从结果可以看出，除个别年份外，整体上中国西部地区工业行业全要素增长率呈现递增趋势，但各个省份工业生产率存在较大差异，技术进步是推动工业生产率增长的主要因素，忽视环境因素低估了西部地区工业行业生产率的增长率。

最后，Tobit 模型用来探讨污染产业转移和其他因素对于工业企业环境效率影响情况。从结果可以看出，污染产业转移对于西部地区工业企业环境效率改善起到了积极的作用。环境治理投资、研发投入与工业企业环境效率显著正相关，而人均实际 GDP、国有控股企业占比与工业企业环境效率显著负相关。另外，外商直接投资对西北地区工业企业环境效率起到了积极的改善作用，而对西南地区工业企业环境效率起到了抑制作用。由此我们可以看出，外商直接投资对于西部不同区域起到了不同作用。从而可以说明，在西部不同地区，环境规制强度存在明显区域差异。

第6章 污染产业国际转移碳排放机制研究

污染产业国际转移隐含碳问题成为当前社会关注的焦点。本章首先引入了投入产出模型，介绍了当前中国污染产业进出口贸易和外商直接投资现状；其次计算和分析了中国污染产业出口隐含碳，进口隐含碳和外商直接投资隐含碳情况；最后对比分析了进出口贸易净隐含碳、净出口隐含碳和外商直接投资隐含碳，以及进出口贸易隐含碳污染指数，探讨了污染产业国际转移利益均衡问题。

6.1 模型构建

6.1.1 投入产出模型简介

投入产出方法是由美国经济学家列昂惕夫（Leontief，1936，1970）提出并创立的一种研究分析方法，主要用来研究经济系统内的部门之间投入和产出关系。随着气候变化和能源环境问题日益受到关注，投入产出分析已成为一个重要分析隐含碳和隐含能排放问题的环境政策分析工具。本章从消费者角度计算隐含碳排放，该方法的基本公式如下：

$$X = AX + Y \quad \text{该方法可以改写为} \quad X = (I - A)^{-1}Y \tag{6.1}$$

式（6.1）中，A 代表直接消耗系数矩阵，是由各产品直接消耗系数用表的形式构成的。直接消耗系数一般用 a_{ij} 代表，公式为：$a_{ij} = X_{ij}/X_j(i, j = 1, 2, \cdots, n)$，是指消耗第 i 类部门的产品价值量，生产出第 j 类部门的单位产出量。X 代表各个产品部门总产出列向量，Y 代表各个产品部门最终使用列向量。I 代表主对角线上元素都是 1 的 n 阶单位矩阵，$(I-A)^{-1}$ 是列昂惕夫逆矩阵。

上述投入产出模型中的隐含假设中间投入产品都是中国国内的产品。未考虑进口中间投入品在产品过程中的影响。假设中间产品由国内中间产品和贸易进口中间产品构成。为了消除计算出口隐含碳时，进口中间产品对结果的影响，修正原有直接消耗系数 A，将其分解成：$A = A_d + A_m$。其中，国内中间产品直接消耗系数矩阵由 A_d 代表，贸易进口中间产品直接消耗系数矩阵由 A_m 代表。为了将 A 与分解的两个矩阵建立联系，假设"产品按比例进口"。另外，矩阵 M 代表贸易进口中间品在全国中间产品占比，假定 m_{ij} 为矩阵 M 的元素，则每个部门对于进口依赖程度可以表示为：

$$m_{ij} = \frac{IM_i}{X_i + IM_i - EX_i}（当 i \neq j 时，m_{ij} = 0） \tag{6.2}$$

式（6.2）中，EX_i 为部门 i 产品的出口量，IM_i 为部门 i 产品的进口量，X_i 为部门 i 产品的总产出。另外，直接碳排放系数计算公式如下：

$$E_j = C_j / X_j \tag{6.3}$$

式（6.3）中，$E_j(1 \times n)$ 代表 j 部门直接碳排放系数，是指生产单位产值 j 部门的产品，直接消耗能源所产生碳排放，C_j 代表 j 部门中总得二氧化碳排放量，X_j 代表 j 部门总产出。则完全碳排放系数矩阵为：

$$D = E(I - A^d)^{-1} \tag{6.4}$$

式（6.4）中，D 代表完全碳排放系数，表示生产单位产出而产生的直接和间接二氧化碳之和。则出口贸易隐含碳排放量公式如下：

$$C^{ex} = E(I - A^d)^{-1} Y^{ex} \tag{6.5}$$

式（6.5）中，C^{ex} 代表出口贸易的隐含碳排放量，Y^{ex} 代表出口产品列向量。

$$Q = E(I - A^d)^{-1} F \tag{6.6}$$

式（6.6）中，Q 代表外商直接投资隐含碳排放量，F 代表外商直接投资额。

进口产品的二氧化碳排放强度必须按进口产品所在国家的技术水平来衡量。由于数据问题，这种计算太过复杂，难度较大。因而，为了简化起见，我们将中国碳排放强度与世界平均碳排放强度比值作为修正参数。计算进口隐含碳排放公式如下：

$$C^{im} = \beta^t E (I - A^d)^{-1} Y^{im} \tag{6.7}$$

式（6.7）中，β^t 为修正参数，C^{im} 代表进口贸易的隐含碳排放量，Y^{im} 代表进口产品列向量。则进出口产品隐含碳差额表示为：

$$EBB = C^{ex} - C^{im} \tag{6.8}$$

式（6.8）中，当 EBB 大于 0 时，则可以说明该国在进出口贸易中为净隐含碳出口国，存在进出口贸易环境逆差；当 EBB 小于 0 时，则可以说明该国在进出口贸易中为净隐含碳进口国，存在进出口贸易环境顺差。

6.1.2　进出口贸易隐含碳污染指数

为了更好地分析中国污染产业进出口贸易中的规模情况，本章借鉴安特韦勒（Antweiler，1996）提出的"贸易污染指数"的构建思路，尝试建立了进出口贸易隐含碳污染指数。进出口贸易隐含碳污染指数是指单位产出额的出口贸易隐含碳排放量与单位进口额的进口贸易隐含碳排放量的比值。其具体计算公式如下：

$$CT = \frac{m}{n} = \frac{C^e / X^e}{C^i / X^i} \tag{6.9}$$

式（6.9）中，CT 代表进出口贸易隐含碳污染指数，m 代表单位产出额的出口贸易隐含碳排放量，n 代表单位进口额的进口贸易隐含碳排放量，如果 CT 大于 1 则可以说明出口贸易国在进出口贸易中为进口贸易国承担了碳排放责任，也就是说出口贸易给本国环境带来了压力，CT 值越大说明出口贸易对本国环境越不利；如果 CT 小于 1 则可以说明进口贸易国在进出口贸易中为出口贸易国承担了碳排放责任，也就是说出口贸易有利于本国环境状况改善，CT 值越小说明出口贸易对本国环境越有利。

6.1.3　数据来源

污染产业贸易进出口数据来自 OECD 数据库（Organisation for Economic Co-operation and Development），外商直接投资数据来自《中国工业统计年鉴》。[①] 本章使用的相关数据均来自 WIOD 数据库（World Input -

---

① 国家统计局工业司：《中国工业统计年鉴（2016）》，中国统计出版社 2016 年版。

Output Database），该数据库提供了 40 个国家（地区）1995～2011 年的投入产出系数、各国（地区）与其他国家（地区）的投入产出关系以及 1995～2009 年各国（地区）8 种主要大气污染物排放数据。本章根据世界投入产出表，选取 2001～2011 年投入产出数据，将农副食品业加工业合并到食品制造业，将黑色、有色金属冶炼及压延加工业合并为金属冶炼业，本章选取了 8 个污染行业，其对应代码如表 6－1 所示。由于 2010 年和 2011 年大气污染物排放数据缺失，为了得到 2010 年和 2011 年大气污染物排放量，我们假定技术进步和能源效率在世界各国各个行业相同，根据国际能源机构（IEA）公布的各国碳排放强度数据，首先，分别将 2010 年和 2011 年世界碳排放强度与 2009 年碳排放强度做比值，得到两个新建参数；其次，将新建参数与 2009 年中国各行业的碳排放系数分别相乘，得到 2010 年和 2011 年中国各行业的碳排放系数。

表 6－1   行业划分及代码

代码	行业	代码	行业
C1	食品制造业	C5	化学原料及化学制品制造业
C2	纺织业	C6	非金属矿物制品业
C3	造纸以及纸制品制造业	C7	金属冶炼业
C4	石油加工、炼焦及核燃料加工业	C8	电力、热力的生产和供应业

资料来源：笔者整理。

6.2   污染产业贸易进出口和外商直接投资特征分析

6.2.1   污染产业出口贸易特征

1. 污染产业出口贸易特征

根据 OECD 数据库数据，中国污染产业出口贸易额及其占比情况如图 6－1 所示。2001 年，中国污染产业出口贸易额为 667 亿美元。2011

年，中国污染产业出口贸易达到 4714 亿美元，较 2001 年增长了 7.07 倍，年均增长率为 21.6%。可以看出，除 2009 年金融危机影响，整体上中国污染产业出口贸易额呈现出递增趋势。

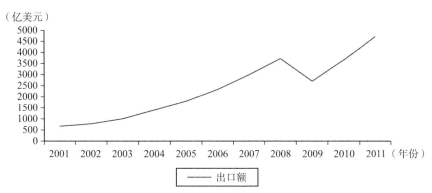

图 6 - 1　2001～2011 年污染产业出口贸易

资料来源：2001～2011 年 OECD 数据库。

2. 各污染行业出口贸易特征

　　根据 OECD 数据库数据，2001～2011 年中国 8 个污染行业出口贸易额情况如表 6 - 2 所示。2001 年，出口贸易额最多的污染行业是 C2 纺织业（181.1 亿美元），其在总的污染产业出口额中占比为 27.2%。其次，出口贸易额较大的污染行业分别是：C7 金属冶炼业（164.7 亿美元）和 C5 化学原料及化学制品制造业（114.7 亿美元）。出口贸易额最少的污染产业是 C8 电力、热力的生产和供应业（6.6 亿美元），其在总的污染产业出口额中占比为 0.98%。出口贸易额最多的污染产业 C2 纺织业是出口贸易额最少的污染产业 C8 电力、热力的生产和供应业的 27.6 倍。2004 年，出口贸易额最多的污染产业 C7 金属冶炼业（443.2 亿美元），在总的污染产业出口额中占比为 31.57%，它是出口贸易额最少的污染产业 C8 电力、热力的生产和供应业（6.1 亿美元）的 72.69 倍。可以看出污染产业各个行业出口额之间的差距在逐渐拉大。2011 年，出口贸易额较多几个产业是：C7 金属冶炼业（1535.7 亿美元）、C2 纺织业（970.4 亿美元）和 C5 化学原料及化学制品制造业（1019 亿美元）。出口贸易额较少污染行业是：C3 造纸以及纸制品制造业（138 亿美元）和 C8 电力、热力的生产和供应业（12.4 亿美元）。出

表 6 - 2   2001 ~ 2011 年各污染行业出口贸易额

单位：亿美元

部门	2001 年	2002 年	2003 年	2004 年	2005 年	2006 年	2007 年	2008 年	2009 年	2010 年	2011 年
C1	103.5	112.3	129.0	153.9	182.1	215.4	252.7	281.4	266.8	332.5	423.6
C2	181.1	219.3	285.1	355.1	433.2	510.4	584.1	670.4	620.9	793.1	970.4
C3	16.0	18.6	25.2	30.2	41.4	56.6	75.1	82.8	81.1	102.8	138.0
C4	34.6	37.1	58.3	84.8	95.9	101.0	134.4	217.0	141.1	204.9	252.1
C5	114.7	132.2	171.1	232.4	317.8	393.3	538.4	705.7	525.4	757.3	1019.0
C6	45.8	58.4	73.5	98.5	132.9	171.2	202.0	246.2	222.1	293.3	362.7
C7	164.7	193.7	255.8	443.2	582.0	876.2	1196.4	1507.8	833.8	1160.7	1535.7
C8	6.6	6.2	6.8	6.1	7.2	7.2	8.6	9.9	10.8	11.7	12.4

资料来源：2001 ~ 2011 年 OECD 数据库。

口贸易额最多的污染产业 C7 金属冶炼业是出口贸易额最少的污染产业 C8 电力、热力的生产和供应业 124 倍。总之，2001～2011 年，我们可以看出各个污染产业出口额之间差距在拉大，C7 金属冶炼业对于拉动中国经济增长起了重要作用。

2001～2011 年，总体上各个污染产业出口贸易额呈现出增长势头。与 2001 年相比，2011 年 C1 食品制造业、C2 纺织品业、C3 造纸以及纸制品制造业、C4 石油加工、炼焦及核燃料加工业、C5 化学原料及化学制品制造业、C6 非金属矿物制品业、C7 金属冶炼业和 C8 电力、热力的生产和供应业的出口贸易增长了 3.09 倍、4.36 倍、7.6 倍、6.29 倍、7.89 倍、6.92 倍、8.32 倍和 0.89 倍，年均增长率分别为 15.13%、18.28%、24%、21.97%、24.41%、22%、25.01% 和 6.56%。可以看出 C6 非金属矿物制品业出口贸易额增长最快。

6.2.2　污染产业进口贸易特征

1. 污染产业进口贸易特征

根据 OECD 数据库数据，2001～2011 年中国污染产业进口贸易情况如图 6-2 所示。2001 年，中国污染产业进口贸易额为 809 亿美元。2011 年，中国污染产业进口贸易达到 3773 亿美元，较 2001 年，增长了3.66 倍，年均增长率为 16.64%。整体上中国污染产业进口贸易额呈增长势头。

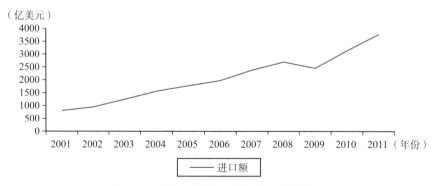

图 6-2　2001～2011 年污染产业进口贸易

资料来源：2001～2011 年 OECD 数据库。

2. 各个污染行业进口贸易特征

根据 OECD 数据库数据，2001～2011 年中国 8 个污染行业进口贸易情况如表 6-3 所示。2001 年，进口贸易额最多的污染行业是 C5 化学原料及化学制品制造业（325.5 亿美元），其在当年总的污染产业进口额中占比为 40.22%。其次是 C7 金属冶炼业（215.6 亿美元）和 C2 纺织业（122.1 亿美元）。进口贸易额最少的几个污染行业分别是：C6 非金属矿物制品业（21.1 亿美元）、C3 造纸以及纸制品制造业（14 亿美元）和 C8 电力、热力的生产和供应业（0.9 亿美元）。进口贸易额最多的 C5 化学原料及化学制品制造业是进口贸易额最少 C8 电力、热力的生产和供应业的 343.3 倍。2011 年，进口贸易额较多几个污染产业是：C5 化学原料及化学制品制造业（1676.8 亿美元），C7 金属冶炼业（1044.2 亿美元）和 C4 石油加工、炼焦及核燃料加工业（386.3 亿美元）。进口贸易额较少污染产业是：C3 造纸以及纸制品制造业（29.8 亿美元）和 C8 电力、热力的生产和供应业（3.2 亿美元）。进口贸易额最多 C5 化学原料及化学制品制造业是进口贸易额最少 C8 电力、热力的生产和供应业 527.1 倍。可以看出各个污染行业进口额之间差距在逐渐拉大。

2001～2011 年，各个污染行业进口贸易额呈现出递增趋势。与 2001 年相比，2011 年 C1 食品制造业、C2 纺织业、C3 造纸以及纸制品制造业、C4 石油加工、炼焦及核燃料加工业，C5 化学原料及化学制品制造业、C6 非金属矿物制品业、C7 金属冶炼业和 C8 电力、热力的生产和供应业的出口贸易增长了 5.5 倍、0.46 倍、1.13 倍、6.06 倍、4.2 倍、3.53 倍、3.84 倍和 2.35 倍，年均增长率分别为 20.53%、3.87%、7.87%、21.58%、17.81%、16.3%、17.1% 和 12.87%。

6.2.3 外商直接投资特征

1. 外商直接投资特征

根据中国工业统计年鉴数据，2001～2011 年中国污染产业外商投资情况如图 6-3 所示。2001 年，中国污染产业外商投资额为 191 亿美元。2011 年，污染产业外商投资额达到 985 亿美元，较 2001 年增长了 4.16 倍，年均增长率为 17.83%。

表6-3　　　　　　　　　　2001~2011年各污染行业进口贸易额

单位：亿美元

部门	2001年	2002年	2003年	2004年	2005年	2006年	2007年	2008年	2009年	2010年	2011年
C1	55.4	66.5	87.6	115.8	118.6	136.7	188.9	244.3	208.5	271.4	358.8
C2	122.1	124.7	134.0	143.5	145.1	153.5	157.8	154.3	140.9	166.0	178.5
C3	14.0	15.3	19.5	22.2	22.9	22.9	26.4	28.2	23.2	29.1	29.8
C4	54.7	58.8	84.8	122.8	140.2	197.3	204.4	338.5	207.1	276.2	386.3
C5	325.5	396.6	501.4	666.1	778.7	863.3	1038.7	1121.8	1041.5	1387.4	1676.8
C6	21.1	23.3	28.5	35.1	36.5	42.2	47.8	52.2	47.7	76.4	95.5
C7	215.6	261.6	388.0	455.5	528.6	558.2	714.8	754.4	784.2	923.2	1044.2
C8	0.9	1.2	1.5	1.7	2.6	2.8	2.4	2.3	3.1	2.7	3.2

资料来源：2001~2011年OECD数据库。

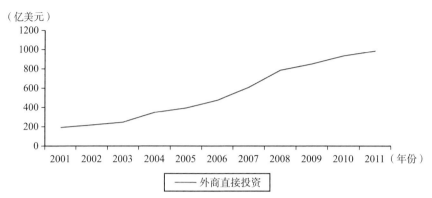

图 6 – 3 2001～2011 年污染产业外商投资现状

资料来源：2002～2012 年《中国工业统计年鉴》。

2. 分行业外商直接投资特征

根据中国工业统计年鉴数据，2001～2011 年中国 8 个污染行业外商直接投资情况如表 6 – 4 所示。2001 年，外商直接投资较多行业是：C5 化学原料及化学制品制造业（44 亿美元）、C1 食品制造业（38 亿美元）和 C6 非金属矿物制品业（28 亿美元）。外商直接投资最少行业是 C4 石油加工、炼焦及核燃料加工业（4 亿美元）。外商直接投资最多 C5 化学原料及化学制品制造业是外商直接投资最少 C4 石油加工、炼焦及核燃料加工业 11 倍。2011 年，外商直接投资最多行业 C5 化学原料及化学制品制造业（334 亿美元），在该年外商投资额中占比为 33.91%。该行业外商投资额是最少 C4 石油加工、炼焦及核燃料加工业（24 亿美元）的 13.92 倍。

2001～2011 年，各个污染产业对外投资额额呈现出递增趋势。与 2001 年相比，2011 年 C1 食品制造业，C2 纺织业，C3 造纸以及纸制品制造业，C4 石油加工、炼焦及核燃料加工业，C5 化学原料及化学制品制造业，C6 非金属矿物制品业，C7 金属冶炼业和 C8 电力、热力的生产和供应业外商直接投资分别增长了 3 倍、2.86 倍、5.1 倍、5 倍、6.59 倍、2.75 倍、9.42 倍和 1.25 倍，年均增长率分别为 14.87%、14.45%、19.82%、19.62%、22.47%、14.13%、25.14% 和 8.44%。

表 6 - 4
2001 ~ 2011 年各行业外商直接投资额

单位: 亿美元

部门	2001 年	2002 年	2003 年	2004 年	2005 年	2006 年	2007 年	2008 年	2009 年	2010 年	2011 年
C1	38	43	47	62	70	79	96	119	124	137	152
C2	21	28	29	41	45	51	59	77	81	90	81
C3	20	23	25	38	45	48	62	77	81	108	122
C4	4	6	6	6	6	8	13	23	24	23	24
C5	44	47	58	88	93	133	174	225	269	299	334
C6	28	31	33	45	48	57	75	94	96	101	105
C7	12	13	20	33	44	57	77	99	104	108	113
C8	24	25	29	35	42	43	52	72	71	69	54

资料来源: 2002 ~ 2012 年《中国工业统计年鉴》。

6.3 污染产业隐含碳排放系数

6.3.1 CO_2 直接碳排放系数

表 6 - 5 显示 2001～2011 年中国 8 个污染产业的直接碳排放系数。从表 6 - 5 中可以看出中国 8 个污染产业的直接排放系数差距很大。2001 年，CO_2 直接碳排放系数最大的是 C8 电力、热力的生产和供应业（18.1 千克/美元）。大于 1 千克/美元的有 3 个行业，分别是：C6 非金属矿物制品业（2.65 千克/美元）、C7 金属冶炼业（1.22 千克/美元）和 C5 化学原料及化学制品制造业（1.05 千克/美元）。CO_2 直接碳排放系数最小的是 C2 纺织业（0.2 千克/美元）。CO_2 直接碳排放系数最大的 C8 电力、热力的生产和供应业是 CO_2 直接碳排放系数最小的 C1 食品制造业的 90.5 倍。2004 年，CO_2 直接碳排放系数最大的 C8 电力、热力的生产和供应业（11.82 千克/美元）是 CO_2 直接碳排放系数最小的 C2 纺织业（0.19 千克/美元）的 62.2 倍。较 2001 年相比，可以看出污染行业各个部门 CO_2 直接碳排放系数差距在逐渐减小。2011 年，CO_2 直接碳排放系数数值最大的部门是 C8 电力、热力的生产和供应业（6.19 千克/美元）。其余 7 个污染产业部门 CO_2 直接碳排放系数数值均小于 3 千克/美元。CO_2 直接碳排放系数最大的 C8 电力、热力的生产和供应业是 CO_2 直接碳排放系数最小的 C2 纺织业（0.07 千克/美元）的 88.4 倍。与 2004 年相比，可以看出污染行业各个部门 CO_2 直接碳排放系数数值在逐渐拉大。

2001～2011 年，总体上中国各个污染产业 CO_2 直接碳排放系数均有下降趋势。与 2001 年相比，2011 年 C1 食品制造业，C2 纺织品业，C3 造纸以及纸制品制造业，C4 石油加工、炼焦及核燃料加工业，C5 化学原料及化学制品制造业，C6 非金属矿物制品业，C7 金属冶炼业和 C8 电力、热力的生产和供应业的 CO_2 直接碳排放系数分别下降了 70.37%、65%、56.52%、60.23%、71.43%、40%、64.75% 和 65.8%，年均分别下降 2.96%、3.49%、4.34%、3.97%、2.85%、5.98%、3.52% 和

表 6 - 5　2001～2011 年污染产业 CO_2 直接排放系数

单位：千克/美元

部门	2001 年	2002 年	2003 年	2004 年	2005 年	2006 年	2007 年	2008 年	2009 年	2010 年	2011 年
C1	0.27	0.24	0.20	0.20	0.17	0.13	0.10	0.10	0.09	0.09	0.08
C2	0.20	0.18	0.17	0.19	0.15	0.12	0.10	0.09	0.08	0.07	0.07
C3	0.46	0.45	0.38	0.40	0.31	0.28	0.22	0.23	0.22	0.21	0.20
C4	0.88	0.79	0.83	0.68	0.57	0.60	0.47	0.38	0.39	0.38	0.35
C5	1.05	0.98	0.86	0.68	0.60	0.52	0.41	0.37	0.33	0.32	0.30
C6	2.65	2.69	2.79	3.31	2.80	2.44	1.98	1.89	1.77	1.70	1.59
C7	1.22	1.27	1.15	1.04	0.99	0.72	0.58	0.46	0.48	0.46	0.43
C8	18.1	17.89	16.3	11.82	9.97	11.13	8.61	6.87	6.90	6.61	6.19

资料来源：笔者计算整理。

83

3.42%。可以看出 CO_2 直接碳排放系数下降最大的是 C5 化学原料及化学制品制造业，CO_2 直接碳排放系数下降最小的是 C6 非金属矿物制品业。

6.3.2 CO_2 完全碳排放系数

2001～2011 年中国 8 个污染行业完全碳排放系数如表 6 - 6 所示。2001 年，CO_2 完全碳排放系数最大的是 C8 电力、热力的生产和供应业（20.01 千克/美元），其次是 C6 非金属矿物制品业（5.36 千克/美元）和 C7 金属冶炼业（4.27 千克/美元）。CO_2 完全碳排放系数较小的是 C1 食品制造业（1.39 千克/美元）和 C2 纺织业（1.53 千克/美元）。CO_2 完全碳排放系数最大的 C8 电力、热力的生产和供应业是最小的 C1 食品制造业的 14.4 倍。2011 年，CO_2 完全碳排放系数最大的 C8 电力、热力的生产和供应业（9.31 千克/美元）。CO_2 完全碳排放系数数值在 1～4 千克/美元之间行业是：C6 非金属矿物制品业（3.13 千克/美元）、C7 金属冶炼业（1.77 千克/美元）、C5 化学原料及化学制品制造业（1.57 千克/美元）、C4 石油加工、炼焦及核燃料加工业（1.14 千克/美元）和 C3 造纸以及纸制品制造业（1.12 千克/美元）。CO_2 完全碳排放系数最小的是 C1 食品制造业（0.6 千克/美元）。CO_2 完全碳排放系数最大 C8 电力、热力的生产和供应业是 C1 食品制造业 15.51 倍。与 2001 年相比，可以看出污染行业各部门 CO_2 完全碳排放系数差距在逐渐拉大。

2001～2011 年，总体上中国 8 个污染产业 CO_2 完全碳排放系数呈现出下降趋势。与 1999 年相比，2011 年 C1 食品制造业，C2 纺织业，C3 造纸以及纸制品制造业，C4 石油加工、炼焦及核燃料加工业，C5 化学原料及化学制品制造业，C6 非金属矿物制品业，C7 金属冶炼业和 C8 电力、热力的生产和供应业的 CO_2 完全碳排放系数分别下降了 56.84%、46.41%、45.89%、61.49%、56.63%、41.6%、58.55% 和 53.47%。年均分别下降 4.31%、5.35%、5.4%、3.85%、4.33%、5.82%、4.14% 和 4.64%。可以看出 CO_2 完全碳排放系数下降幅度最大的是 C4 石油加工、炼焦及核燃料加工业，说明 C4 石油加工、炼焦及核燃料加工业减排效果最为明显。而 CO_2 完全碳排放系数下降幅度最小的是 C6 非金属矿物制品业，其节能减排还有很大的改进空间。

表 6 - 6　2001～2011 年污染产业 CO_2 完全排放系数

单位：千克/美元

部门	2001 年	2002 年	2003 年	2004 年	2005 年	2006 年	2007 年	2008 年	2009 年	2010 年	2011 年
C1	1.39	1.34	1.28	1.19	1.12	1.00	0.84	0.68	0.67	0.64	0.60
C2	1.53	1.52	1.54	1.53	1.45	1.34	1.16	0.95	0.92	0.88	0.82
C3	2.07	1.99	1.98	1.98	1.84	1.75	1.48	1.30	1.27	1.20	1.12
C4	2.96	2.91	2.91	2.54	2.24	1.97	1.75	1.31	1.53	1.33	1.14
C5	3.62	3.50	3.40	3.02	2.80	2.59	2.20	1.83	1.83	1.71	1.57
C6	5.36	5.39	5.70	6.22	5.55	4.98	4.15	3.70	3.55	3.37	3.13
C7	4.27	4.28	4.11	3.78	3.56	3.07	2.54	2.04	2.10	1.94	1.77
C8	20.01	19.72	20.34	16.47	14.83	16.18	13.11	10.44	10.49	9.99	9.31

资料来源：笔者计算整理。

6.4 污染产业国际转移隐含碳分析

6.4.1 污染产业出口隐含碳

1. 污染产业整体出口隐含碳

表 6 - 7 显示中国污染产业出口贸易隐含碳排放量。2001 年污染产业出口贸易隐含碳排放量 2.63 亿吨。2001 ~ 2008 年，污染产业出口贸易隐含碳排放量呈现增长趋势，与 2001 年相比，2008 年污染产业出口贸易隐含碳排放量增长了 1.7 倍。2009 年，由于受到国际金融危机影响，与 2008 年相比，中国污染产业出口贸易隐含碳排放量下降了 23.53%。2009 ~ 2011 年，污染产业出口贸易隐含碳排放量又呈现出快速增长势头。2011 年，中国污染产业出口贸易隐含碳排放量达到 7.68 亿吨，较 2009 年，增长了 44%。尽管 1999 ~ 2011 年中国污染产业出口贸易隐含碳排放量呈现出不规律变化趋势，但总体上中国污染产业出口贸易隐含碳排放量呈现出递增趋势。2001 年相比，2011 年中国污染产业出口贸易隐含碳排放量增长了 2.92 倍，年平均增占率达到 11.3%。

1999 ~ 2011 年污染产业出口贸易隐含碳在中国总碳排放量中的占比情况如表 6 - 7 所示，从中可以看出，2001 年出口隐含碳占比为 8.1%。2001 ~ 2004 年，污染产业出口贸易隐含碳排放量占比呈现快递增长趋势。2004 年，出口隐含碳占比达到 10.85%，是 2000 年的 1.34 倍。2005 年，污染产业出口隐含碳占比出现短暂下降，2006 年，出口贸易隐含碳占比达到最大值（10.98%）。2006 ~ 2009 年，中国污染产业出口贸易隐含碳排放量占比呈现出快速下降趋势。2009，污染产业出口贸易隐含碳排放量占比最低，为 7.58%。较 2006 年相比，下降了 30.1%。2009 ~ 2011 年，污染产业出口贸易隐含碳排放量占比呈现出上升势头。2011 年，污染产业出口贸易隐含碳排放量占比为 9.07%，与 2009 年相比，增长了 19.7%。

表6-7　　　　　　　　2001～2011 年污染产业出口贸易隐含碳

单位：亿吨

项目	2001 年	2002 年	2003 年	2004 年	2005 年	2006 年	2007 年	2008 年	2009 年	2010 年	2011 年
出口隐含碳	2.63	2.95	3.86	5.12	5.71	6.49	6.92	6.97	5.33	6.57	7.67
CO_2 排放量	32.4	34.98	40.53	47.24	53.58	59.12	64.68	66.08	70.26	77.07	84.66
占比（%）	8.10	8.44	9.52	10.85	10.67	10.98	10.7	10.6	7.58	8.53	9.07

资料来源：笔者计算整理。

2. 各行业出口隐含碳

2001～2011年中国8个污染行业出口贸易隐含碳排放情况如表6-8所示。2001年，C7金属冶炼业出口贸易隐含碳最大（0.75亿吨），其次是C2纺织业（0.73亿吨）和C5化学原料及化学制品制造业（0.47亿吨），C3造纸以及纸制品制造业出口贸易隐含碳最小（0.05亿吨）。C7金属冶炼业出口贸易隐含碳是C3造纸以及纸制品制造业出口贸易隐含碳的14.2倍。2008年，出口贸易隐含碳多的C7金属冶炼业（2.44亿吨）是出口贸易隐含碳最少的C3造纸以及纸制品制造业（0.08亿吨）的30.9倍。可以看出污染产业各个部门出口贸易隐含碳排放量差距在逐渐拉大。2011年，出口贸易隐含碳排放量较大行业有：C7金属冶炼业（2.28亿吨）、C5化学原料及化学制品制造业（1.84亿吨）和C2纺织业（1.98亿吨），出口贸易隐含碳排放量最少的是C3造纸以及纸制品制造业（0.1亿吨）。

2001～2011年，各个污染行业出口贸易隐含碳排放量呈现出上升趋势。较2001年，2011年C1食品制造业，C2纺织品业，C3造纸以及纸制品制造业，C4石油加工、炼焦及核燃料加工业，C5化学原料及化学制品制造业，C6非金属矿物制品业，C7金属冶炼业和C8电力、热力的生产和供应业的出口贸易隐含碳排放量分别上升了1.14倍、1.71倍、1倍、0.6倍、2.91倍、2倍、2.04倍和0.7倍，年均增长率分别为7.92%、10.49%、7.18%、4.81%、14.62%、11.61%、11.76%和5.45%。C5化学原料及化学制品制造业出口贸易隐含碳增长最快，而C4石油加工、炼焦及核燃料加工业出口贸易隐含碳增长相对较慢。

6.4.2 污染产业进口隐含碳

1. 污染产业整体进口隐含碳

表6-9显示中国污染产业进口贸易隐含碳情况。2001年，中国污染产业进口贸易隐含碳为0.78亿吨。2011年，中国污染产业进口贸易隐含碳达到2.09亿吨，较2001年增长了1.68倍，年均增长10.34%。总体上，2001～2011年中国污染产业进口贸易隐含碳呈现出增长趋势。

表6-8 2001～2011年各行业出口隐含碳

单位：亿吨

部门	2001年	2002年	2003年	2004年	2005年	2006年	2007年	2008年	2009年	2010年	2011年
C1	0.14	0.15	0.17	0.19	0.22	0.26	0.26	0.23	0.22	0.26	0.30
C2	0.73	0.79	1.03	1.29	1.58	1.80	1.90	1.72	1.48	1.75	1.98
C3	0.05	0.06	0.07	0.08	0.08	0.08	0.08	0.08	0.07	0.08	0.10
C4	0.10	0.13	0.17	0.20	0.18	0.13	0.14	0.16	0.11	0.15	0.16
C5	0.47	0.51	0.68	0.83	1.01	1.13	1.39	1.51	1.19	1.54	1.84
C6	0.28	0.29	0.36	0.50	0.57	0.63	0.62	0.68	0.57	0.73	0.84
C7	0.75	0.90	1.24	1.87	1.89	2.30	2.40	2.44	1.58	1.93	2.28
C8	0.10	0.12	0.15	0.17	0.17	0.16	0.15	0.15	0.12	0.15	0.17

资料来源：笔者计算整理。

表6-9 2001～2011年污染产业进口贸易隐含碳

单位：亿吨

项目	2001年	2002年	2003年	2004年	2005年	2006年	2007年	2008年	2009年	2010年	2011年
出口隐含碳	0.78	0.89	1.04	1.14	1.21	1.25	1.38	1.42	1.48	1.83	2.09
CO_2排放量	32.4	34.98	40.53	47.24	53.58	59.12	64.68	66.08	70.26	77.07	84.66
占比（%）	2.41	2.54	2.57	2.40	2.25	2.11	2.13	2.15	2.11	2.37	2.47

资料来源：笔者计算整理。

从表6-9可以看出2001~2011年中国污染产业进口贸易隐含碳在中国CO_2排放量中的占比情况。2001~2003年，污染产业进口贸易隐含碳占比呈现上升趋势。2001年污染产业进口贸易隐含碳占比为2.41%，2003年，污染产业进口贸易隐含碳占比为2.57%，较2001年，增长了6.64%。2003~2006年，污染产业进口贸易隐含碳排放量占比呈现出下降趋势。2006年，污染产业进口贸易隐含碳排放量占比为2.11%。与2003年相比，下降了17.9%。2006~2008年，污染产业进口贸易隐含碳排放量占比呈现快速上升势头。2008年，污染产业进口贸易隐含碳排放量占比为2.15%，是2006年1.02倍。2009年，由于受到国际金融危机影响，污染产业进口贸易隐含碳排占比呈现下降趋势，为2.11%。2009~2011年，污染产业进口贸易隐含碳排放量占比呈现出增长趋势。2011年，污染产业进口贸易隐含碳占比达到2.47%。

2. 各行业进口隐含碳

2001~2011年中国8个污染产业进口贸易隐含碳变化情况如表6-10所示。2001年，进口贸易隐含碳排放量最小行业是C3造纸以及纸制品制造业（0.01亿吨）和C8电力、热力的生产和供应业（0.01亿吨）。进口贸易隐含碳最大行业是C5化学原料及化学制品制造业（0.34亿吨），其进口贸易隐含碳是C3食品制造业进口贸易隐含碳的34倍。2008年，进口贸易隐含碳最多的C5化学原料及化学制品制造业（0.63亿吨）是进口贸易隐含碳最少C3造纸以及纸制品制造业（0.01亿吨）和C8电力、热力的生产和供应业（0.01亿吨）的63倍。各污染行业进口贸易隐含碳差距逐渐拉大。2011年，进口贸易隐含碳排放量最小的行业为C3造纸以及纸制品制造业（0.01亿吨）和C8电力、热力的生产和供应业（0.01亿吨），进口贸易隐含碳较多的几个行业分别是：C5化学原料及化学制品制造业（0.98亿吨）、C7金属冶炼业（0.68亿吨）和C4石油加工、炼焦及核燃料加工业（0.16亿吨）。C5化学原料及化学制品制造业在该年占比为47.12%，而C3造纸以及纸制品制造业（0.01亿吨）和C8电力、热力的生产和供应业占比仅为0.48%。C5化学原料及化学制品制造业是C1食品制造业和C3造纸以及纸制品制造业和C8电力、热力的生产和供应业的98倍。整体上，各个污染行业进口贸易隐含碳排放量差距有拉大趋势。

表 6 - 10　　　　　　　　　　2001～2012 年各行业进口隐含碳

单位：亿吨

部门	2001 年	2002 年	2003 年	2004 年	2005 年	2006 年	2007 年	2008 年	2009 年	2010 年	2011 年
C1	0.02	0.03	0.03	0.03	0.03	0.03	0.04	0.05	0.05	0.06	0.08
C2	0.05	0.05	0.05	0.05	0.05	0.05	0.05	0.05	0.04	0.05	0.05
C3	0.01	0.01	0.01	0.01	0.01	0.01	0.01	0.01	0.01	0.01	0.01
C4	0.05	0.05	0.06	0.08	0.08	0.10	0.10	0.14	0.11	0.13	0.16
C5	0.34	0.39	0.43	0.49	0.53	0.56	0.62	0.63	0.65	0.84	0.98
C6	0.03	0.04	0.04	0.05	0.05	0.05	0.05	0.06	0.06	0.09	0.11
C7	0.27	0.32	0.41	0.42	0.45	0.43	0.49	0.47	0.56	0.63	0.68
C8	0.01	0.01	0.01	0.01	0.01	0.01	0.01	0.01	0.01	0.01	0.01

资料来源：笔者计算整理。

2001～2011 年，C2 纺织品业、C3 造纸以及纸制品制造业 C8 外电力、热力的生产和供应业进口隐含碳排放量保持不变。其他各行业进口贸易隐含碳呈现出上升趋势。与 2001 年相比，2011 年 C1 食品制造业、C4 石油加工、炼焦及核燃料加工业，C5 化学原料及化学制品制造业、C6 非金属矿物制品业、C7 金属冶炼业进口贸易隐含碳排放量分别增长了 3 倍、2.2 倍、1.88 倍、2.67 倍和 1.52 倍，年平均增长率分别为14.87%、12.34%、11.17%、13.87% 和 9.68%。可以看出 C1 食品制造业的进口贸易隐含碳增长速度最快，C7 金属制造业进口贸易隐含碳增长速度相对较慢。

6.4.3 污染产业净出口隐含碳

1. 污染产业整体净出口隐含碳

表 6 - 11 显示了 2001～2011 年中国污染产业净出口隐含碳排放情况。2001 年，净隐含碳排放量为 1.85 亿吨。2001～2008 年，污染产业净隐含碳呈快速增长趋势。2008 年，污染产业净排放量为 5.55 亿吨，与 2001 年相比，增长了 2 倍，年均增长 17%。2008～2009 年，污染产业净隐含碳排放量出现短暂下降。2009 年，污染产业净隐含碳排放量是 3.85 亿吨。2011 年，污染产业净隐含碳排放量达到峰值为 5.58 亿吨，与 2001 年相比，增长了 2.02 倍，年均增长 11.67%。

2. 各污染行业净出口隐含碳

2001～2011 年中国 8 个污染产业净出口隐含碳排放量如表 6 - 12 所示。2001 年，净出口隐含碳较多的几个行业分别是：C2 纺织品业（0.67 亿吨）、C7 金属冶炼业（0.48 亿吨）和 C6 非金属矿物制品业（0.25 亿吨），其中，C2 纺织业在当年污染产业净出口隐含碳排放量中占比为 36.6%。净出口隐含碳排放量最少行业是 C3 造纸以及纸制品制造业（0.04 亿吨），其在当年污染产业净出口隐含碳排放量中占比为仅为 2.2%。C2 纺织品是 C3 造纸以及纸制品制造业净出口隐含碳排放量的16.75 倍。2006 年，C7 金属冶炼业（1.87 亿吨）成为净出口隐含碳排放量最多行业，其在当年污染产业净出口隐含碳排放量占比为 35.76%。而

表 6 – 11　　　　2001～2011 年污染产业净出口隐含碳

单位：亿吨

项目	2001 年	2002 年	2003 年	2004 年	2005 年	2006 年	2007 年	2008 年	2009 年	2010 年	2011 年
净隐含碳	1.85	2.06	2.82	3.99	4.51	5.24	5.54	5.55	3.85	4.75	5.58
CO_2 排放量	32.4	34.98	40.53	47.24	53.58	59.12	64.68	66.08	70.26	77.07	84.66
占比（%）	5.70	5.90	6.95	8.44	8.41	8.87	8.57	8.40	5.48	6.16	6.60

资料来源：笔者计算整理。

表 6 – 12　　　　2001～2011 年各污染行业净出口隐含碳

单位：亿吨

部门	2001 年	2002 年	2003 年	2004 年	2005 年	2006 年	2007 年	2008 年	2009 年	2010 年	2011 年
C1	0.12	0.12	0.14	0.16	0.19	0.22	0.21	0.18	0.17	0.19	0.22
C2	0.67	0.74	0.98	1.24	1.53	1.75	1.85	1.67	1.43	1.70	1.93
C3	0.04	0.05	0.06	0.07	0.07	0.07	0.07	0.07	0.06	0.07	0.09
C4	0.05	0.08	0.10	0.13	0.10	0.03	0.04	0.02	0.01	0.02	-0.02
C5	0.12	0.12	0.25	0.34	0.48	0.57	0.77	0.88	0.54	0.70	0.87
C6	0.25	0.25	0.31	0.45	0.53	0.57	0.56	0.62	0.51	0.63	0.73
C7	0.48	0.59	0.83	1.45	1.44	1.87	1.90	1.97	1.02	1.30	1.60
C8	0.10	0.12	0.14	0.16	0.16	0.15	0.14	0.15	0.10	0.14	0.16

资料来源：笔者计算整理。

净出口隐含碳排放量最少行业是 C4 石油加工、炼焦及核燃料加工业（0.03 亿吨），其在当年污染产业净出口隐含碳排放量占比为 0.57%。2011 年，C2 纺织品业（1.93 亿吨）、C7 金属冶炼业（1.6 亿吨）是净出口隐含碳排放量较多的行业。C4 石油加工、炼焦及核燃料加工业（−0.02 亿吨）净出口隐含碳排放量最少。可以看出不同污染行业净出口隐含碳排放量差距在逐年拉大。

2001～2011 年，除 C4 石油加工、炼焦及核燃料加工业外，总体上各个污染产业进出口贸易净隐含碳排放量呈现出上升趋势。与 2001 年相比，2011 年 C4 石油加工、炼焦及核燃料加工业净出口隐含碳下降了1.4 倍，年平均减少率为 4%。可以看出中国的 C2 纺织业净隐含碳进出口产生了环境顺差，有利于中国环境改善。而 C1 食品制造业，C3 造纸以及纸制品制造业，C4 石油加工、炼焦及核燃料加工业，C5 化学原料及化学制品制造业，C6 非金属矿物制品业，C7 金属冶炼业和 C8 电力、热力的生产和供应业的净出口隐含碳排放量分别增长了 0.83 倍、1.88倍、1.25 倍、6.25 倍、1.92 倍、2.33 倍和 0.6 倍，年平均增长率分别为 6.25%，11.16%，8.44%，21.9%，11.31%，12.79% 和 4.81%。

6.4.4　污染产业外商直接投资隐含碳

1. 外商直接投资隐含碳

表 6 – 13 显示中国污染产业外商直接投资隐含碳情况。2001 年，中国污染产业外商直接投资隐含碳为 0.99 亿吨。2001～2009 年，中国污染产业对外直接投资隐含碳呈现出快速递增态势。2009 年，污染产业外商直接投资隐含碳达到 2.09 亿吨，与 2001 年相比，增长了 1.12 倍。2009～2011 年，污染产业外商直接投资隐含碳呈下降趋势。2011 年，污染产业外商直接投资隐含碳为 1.88 亿吨，较 2009 年下降了 10.2%。

从表 6 – 13 可以看出 2001～2011 年中国污染产业外商直接投资隐含碳在中国 CO_2 排放量中的占比情况。2001～2008 年，污染产业外商直接投资隐含碳排放量占比呈现出不规律变化趋势。2004 年，占比最高达到了 3.14%。2008～2011 年，污染产业外商直接投资隐含碳呈递减趋势。2011 年，外商直接投资隐含碳占比为 2.21%，与 2008 年相比，

单位：亿吨

表 6 - 13　　　　2001～2011 年污染产业外商直接投资隐含碳

项目	2001 年	2002 年	2003 年	2004 年	2005 年	2006 年	2007 年	2008 年	2009 年	2010 年	2011 年
投资隐含碳	0.99	1.03	1.23	1.48	1.55	1.74	1.83	1.99	2.09	2.08	1.88
CO$_2$ 排放量	32.4	34.98	40.53	47.24	53.58	59.12	64.68	66.08	70.26	77.07	84.66
占比（%）	3.04	2.97	3.03	3.14	2.9	2.94	2.84	3.02	2.98	2.69	2.21

资料来源：笔者计算整理。

下降了 26.82%。总体上，2001～2011 年，污染产业外商直接投资隐含碳占比呈现出下降势态。

2. 各行业外商直接投资隐含碳

2001～2011 年中国 8 个污染行业外商直接投资隐含碳如表 6－14 所示。2001 年，外商直接投资隐含碳较多的几个污染产业分别是：C8 电力、热力的生产和供应业（0.49 亿吨）、C5 化学原料及化学制品制造业（0.16 亿吨）和 C6 非金属矿物制品业（0.15 亿吨），其中，外商直接投资隐含碳最少污染行业是 C4 石油加工、炼焦及核燃料加工业（0.01 亿吨）。C8 电力、热力的生产和供应业是 C4 石油加工、炼焦及核燃料加工业的 49 倍。2011 年，外商直接投资隐含碳最多的行业是 C5 化学原料及化学制品制造业（0.53 亿吨），其在当年总的外商直接投资隐含碳占比为 29.98%。其次是 C8 电力、热力的生产和供应业（0.51 亿吨）和 C6 非金属矿物制品业（0.33 亿吨）。外商直接投资隐含碳最少污染行业是 C4 石油加工、炼焦及核燃料加工业（0.03 亿吨）。外商直接投资隐含碳排放最多的 C5 化学原料及化学制品制造业是隐含碳排放最少的 C4 石油加工、炼焦及核燃料加工业的 17.67 倍。

2001～2011 年，各污染行业外商直接投资隐含碳呈上升趋势。与 2001 年相比，C1 食品制造业、C2 纺织品业、C3 造纸以及纸制品制造业、C4 石油加工、炼焦及核燃料加工业，C5 化学原料及化学制品制造业、C6 非金属矿物制品业、C7 金属冶炼业和 C8 电力、热力的生产和供应业的进口贸易隐含碳排放量分别增长了 0.8 倍、1.33 倍、2.5 倍、2 倍、2.31 倍、1.2 倍、3 倍和 0.04 倍，年平均增长率分别为 6.05%、8.84%、13.34%、11.61%、12.72%、8.2%、14.87% 和 0.4%。

6.5　污染产业贸易隐含碳污染指数

2001～2011 年中国污染产业进出口贸易隐含碳污染指数如图 6－4 所示。从图 6－4 中可以看出中国污染产业进出口贸易隐含碳污染指数呈现出先增大后变小的趋势。贸易隐含碳污染指数总体上大于 2，则可以表明中国成为世界污染产业的"避难所"，为进口国承担了碳排放责

表6－14 2001～2011年各行业对外直接投资隐含碳

单位：亿吨

部门	2001年	2002年	2003年	2004年	2005年	2006年	2007年	2008年	2009年	2010年	2011年
C1	0.05	0.06	0.06	0.07	0.08	0.08	0.08	0.08	0.08	0.09	0.09
C2	0.03	0.04	0.04	0.06	0.07	0.07	0.07	0.07	0.07	0.08	0.07
C3	0.04	0.05	0.05	0.08	0.08	0.08	0.09	0.10	0.10	0.13	0.14
C4	0.01	0.02	0.02	0.01	0.01	0.02	0.02	0.03	0.04	0.03	0.03
C5	0.16	0.16	0.20	0.26	0.26	0.34	0.38	0.41	0.49	0.51	0.53
C6	0.15	0.17	0.19	0.28	0.27	0.28	0.31	0.35	0.34	0.34	0.33
C7	0.05	0.06	0.08	0.13	0.16	0.17	0.20	0.20	0.22	0.21	0.20
C8	0.49	0.49	0.60	0.58	0.63	0.69	0.68	0.75	0.74	0.69	0.51

资料来源：笔者计算整理。

任，给中国环境带来了巨大压力。2001 年隐含碳污染指数为 2.72。2001～2004 年，隐含碳污染指数快速增长。2004 年，隐含碳污染指数达到峰值（3.56），较 2001 年增长了 31%，年均增长率为 9.4%。可以看出这段时间进出口贸易对中国环境造成的不利影响最大。2004～2011 年，隐含碳污染指数呈现出快速下降势头。2011 年，贸易隐含碳污染指数最小（2.35），与 2004 年相比，下降了 34.19%。这表明污染产业进出口贸易对于中国环境影响正在向好的方向发展，有利于中国环境改善。

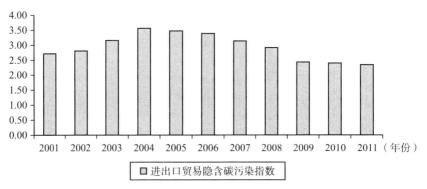

图 6－4　2001～2011 年中国污染产业进出口贸易隐含碳污染指数

资料来源：笔者计算整理。

6.6 小　　结

本章首先分析了中国污染产业进出口贸易和外商直接投资额情况。除 2009 年金融危机外，2001～2011 年，中国污染产业进出口贸易额以及外商直接投资额都呈现出递增趋势。出口贸易额最大的是 C7 金属冶炼业，而外商直接投资额和进口贸易额最大的则是 C5 化学原料及化学制品制造业。从 CO_2 排放系数可以看出，各污染行业 CO_2 排放系数呈现出递减趋势，可以看出各个污染行业节能减排取得了不错的效果。但各个污染行业排放系数差距很大。碳排放系数最大的是 C8 电力、热力的生产和供应业，C1 食品制造业碳排放系数最小。

2001～2011 年，污染产业出口隐含碳排放量呈现出递增趋势，其在中国 CO_2 排放中平均占比为 9.55%。其中，C7 金属冶炼业是出口隐含碳排放量最多的行业，而 C3 造纸以及纸制品制造业是出口隐含碳排放量最少的行业。对于进口隐含碳而言，整体上进口隐含碳排放量也呈现出递增趋势，但其增速低于出口隐含碳。进口隐含碳在中国 CO_2 排放中平均占比为 2.32%。C5 化学原料及化学制品制造业进口隐含碳排放最多，而 C3 造纸以及纸制品制造业和 C8 电力、热力的生产和供应业进口隐含碳排放最少。

2001~2011 年，对于净出口隐含碳而言，其在中国 CO_2 排放中平均占比为 7.23%。尽管整体上各污染行业净出口隐含碳仍呈现出递增态势，但 C4 石油加工、炼焦及核燃料加工业有了明显下降。对于对外投资隐含碳而言，其在中国 CO_2 排放中平均占比为 2.89%。C8 电力、热力的生产和供应业外商投资隐含碳排放最多。我们可以看出，净出口隐含碳和对外直接投资隐含碳在中国总的 CO_2 排放中的占比高达 10.12%，给中国环境造成了巨大压力。从进出口贸易隐含碳污染指数可以看出，尽管近些年贸易隐含碳污染指数有下降趋势，但贸易隐含碳污染指数总体上大于 2，因而，中国为进口国承担了碳排放责任。总之，中国呈现出严重污染产业国际转移利益不平衡现象。

第7章 污染产业国际转移利益均衡研究

要实现污染产业国际转移经济利益和环境效益协调发展,揭示出造成污染产业国际转移引起的经济和环境利益非均衡根源,设计出科学、合理、有效的利益均衡实现机制是极为重要的。基于第6章得出的污染产业进出口贸易和外商直接投资引起的利益不均衡现状,本章构建了污染产业国际转移利益均衡实现机制如图7-1所示。

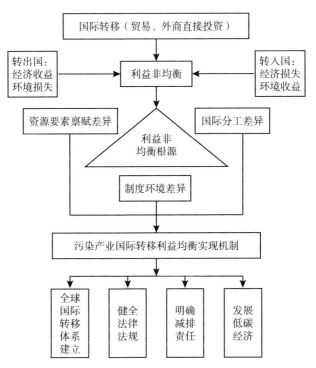

图7-1 污染产业国际转移利益均衡实现机制

7.1　污染产业国际转移利益非均衡根源分析

7.1.1　资源要素禀赋差异

1. 要素成本差异

要素禀赋理论最初是由赫克谢尔和俄林提出的，该理论认为在两个国家需求偏好和技术水平相同的条件下，两个国家在生产要素禀赋上存在着差异以及两个国家供求关系的不同，导致了两个国家生产要素价格差异，带来了两个国家生产成本的差异，进一步促进了国际贸易产生。要素禀赋理论主要贡献在于，各个国家借助国际贸易可以进行生产要素的相互沟通，从而可以弥补各个国家之间某种生产要素不足的差异。发达国家拥有较高的科技水平，但由于其劳动力成本高，主要出口技术和资本密集型产品，进口劳动和资源密集型产品，而发展中国家科技水平落后，但劳动力、土地等资源丰富，主要出口粗放型、低附加值产品，进口高附加值、高技术含量产品。发展中国家借助廉价的成本优势，逐渐成为贸易顺差国，发达国家则成为贸易逆差国。然而，相对于高附加值产品，低附加值产品在生产、加工过程中产生更多碳排放，致使本国环境成本不断增加。因而，很多发展中国家成为环境成本逆差国，而发达国家则是环境成本顺差国。国际贸易引起了各国经济收益和环境成本不均衡现象出现。

2. 生产要素流动属性差异

外商直接投资存在的可能性和必要性是由生产要素流动属性差异以及生产要素在不同国家的分布决定的，外商直接投资实质是一种要素合作型外商直接投资。要素合作型外商直接投资基本原则是要素禀赋相对充裕、且要素流动性强的国家和地区的企业，到其他资源要素禀赋相对匮乏的国家和地区开展投资活动，通过与东道国相互合作不仅增强了外商直接投资企业的生产能力，还提高了东道国的生产要素利用率。产业投资分为产业间垂直投资和产业内水平投资。产业间垂直投资是指，在全球价值链体系下，劳动力资源丰富且技能较低的国家，劳动力成本价格相对较低，跨国企业可以在这些国家建立初级产品加工厂，并且利用低价廉价的劳动力进行生产，获取利润。产业内水平投资是指，国家之间要素禀赋相似时，拓展国外市场成为外商投资的主要目的。一方面，跨国公司给当地产业发展带来了知识、资本和技术溢出效应，促进了当地产生结构升级，带动了当地劳动力就业，为当地经济发展创造了财富效应；另一方面，由于外商直接投资主要是投资到第二产业，甚至是污染密集型产业。并且由于发展中国家为了发展经济，当地环境保护的法律法规不够健全，因而，对东道国环境带来了外部性。由此可以看出，外商直接投资产生了经济利益和环境成本不均衡状况。

7.1.2 国际分工差异

由于各个国家之间生产力水平和生产关系差异，国际分工逐渐在各个国家之间形成。国际分工主要是指世界上各个国家之间的劳动分工，是通过世界市场各国劳动者形成的彼此之间的劳动关系。伴随着生产力发展，一些拥有雄厚资本、先进生产技术，并且经济基础相对较好的国家逐步发展成为发达国家，而一些由于资本欠缺、生产力落后、经济基础相对薄弱的国家逐渐发展成为发展中国家。发达国家主要生产工业制成品，而发展中国家主要生产初级产品。经济越发达的国家，其社会分工就会越细，生产的产品也就越复杂，国家的工业化程度越高。而经济相对落后的国家，其社会分工相对宽泛，国家工业化水平相对较低。国际分工促进了国家之间国际贸易以及外商直接投资的发展。同时国际分工对国际贸易的商品结构、跨国公司投资结构都产生了重要影响。因而，国际分工是影响国际转移利益均衡的重要因素。

7.1.3 制度环境差异

制度经济学认为，确定性和稳定性是制度经济学建立的基础，为了带给经济活动可靠收益，需要排除人为意志的决断以及交易不对等和信息不透明。一个国家的制度由三者构成：正式制度、非正式制度和实施制度，经济组织效率差异是由制度环境决定的。优越的制度可以促进技术创新、改善组织管理、提高生产效率，合理的制度能够为技术创新和技术进步提供良好的激励环境，有利于保护贸易投资者和跨国企业在当地的权益。然而，当前很多国家为了自身利益，出台了很多政策措施，不利于贸易自由发展和环境问题解决。例如，2009 年，《美国清洁能源与安全法案》在美国众议院获得通过。法案规定，从 2020 年起，对于从不实施碳减排限额国家的进口产品将会征收"碳关税"。从 2012 年，欧盟碳排放交易体系计划将向经过欧盟上空的飞机征税。虽然在 2016 年 4 月 22 日，170 多个国家在纽约共同签署气候变化问题的《巴黎协定》，并承诺将全球气温升高幅度控制在 2℃ 的范围之内。但美国作为世界上第二大温室气体排放国，于 2017 年 6 月 1 日宣布退出《巴黎协定》，并于 2017 年 8 月 4 日，正式向联合国正式提交退出《巴黎协定》意向书。由于美国的退出，使得对资金援助本来就有争议的发达国家资金分配将发生变化，可能引发发达国家内部矛盾的产生。而发展中国家由于资金限制和政策原因，最终可能持观望态度。2018 年 3 月 23 日，美国总统特朗普在白宫正式签署对华贸易备忘录。对从中国进口的 600 亿美元商品加征关税，并限制中国企业对美投资并购。宣布美国对信息通信技术、中国航空航天、机械等产品加收 25% 的关税。这些都不利于中国污染产业国际转移利益均衡的构建。贸易保护主义以及不确定碳排放责任成为污染产业国际转移环境成本和经济利益均衡问题的主要动因。

7.2 污染产业国际转移利益均衡实现机制

7.2.1 建立全球国际转移体系

随着经济全球化、区域经济一体化进程加快，以及双边、多边国家和地区之间贸易以及投资协作关系的加强，国际贸易受传统的关税和非关税壁垒的影响正在逐渐减小，寻求并建立一个更加透明、稳定、有效率的全球国际转移体系至关重要。全球贸易体系有助于减少和消除国际转移中的机制性和技术性障碍、改善贸易投资环境、降低交易成本、提高相关国家的国际转移投资效率和资源配置水平，从而有助于实现产业国际转移利益均衡。2015 年，中国提出了《推动共建丝绸之路经济带和 21 世纪海上丝绸之路的愿景与行动》，希望与沿线国家积极合作、互惠互利、共同发展。到目前为止，已经有全球 65 个国家参与"一带一路"建设，并且双边国际转移已经取得了良好收益。因而，构建全球国际转移体系，充分发挥每个成员国的自身优势，共同合作，有利于多边国家国际转移利益体系构建，才能更好地实现环境成本和经济利益均衡。

7.2.2　健全法律法规

中国正在探索建立全国性碳市场。2011 年，首先确定北京等 7 省份进行试点，并开展碳交易工作。2013 年，中国碳市场交易在深圳正式运营，随后各试点省份逐步运行。目前，有 3000 家重点排放单位纳入碳交易市场中。随后短期内，碳市场的建立会提高污染产业生产成本，不仅影响其在国内市场中的发展，还会降低其在国际市场中的竞争力。但从长远看，碳市场发展促进了我国低碳技术应用，低碳产品发展，为我国污染产业从高污染、高耗能向低碳、绿色方向转型提供新的动力。今后，中国制定的节能减排政策，首先，要兼顾贸易经济增长和环境保护，实现经济和环境协调、健康发展；其次，借助于环境法规对于产业结构调整、经济转型、贸易发展实行倒逼作用。增加科技创新能力，积极推进我国的贸易产品由低技术含量、低附加值的劳动和资源密集型产品向高技术含量、高附加值的资本和技术密集型产品转变。同时借助相关政策法规，积极改善我国的对外直接投资环境，实现经济和环境利益均衡发展。

7.2.3　明确减排责任

当前碳排放责任主要从生产者角度和消费者角度进行衡量，生产者碳排放责任主要由贸易出口国承担，而消费者碳排放责任则由进口产品消费国承担。对于两种碳排放核算责任学术界争议很大，且没有达成一致意见。自愿原则下，共同但有区别碳排放分担责任是解决全球气候变化问题的重要途径，是实现经济和环境可持续发展的核心原则。在共同但有区别碳排放原则下，进口国和出口国根据本国实际情况共同分担贸易碳排放责任，更具有公平性。因而，全球国家碳排放责任划分以共同责任原则为主导，不仅可以使得诸如碳关税等碳边境调节措施无法立足，而且还可以规避碳泄漏、比较优势等问题。从而有利于对多边贸易体制的维护和发展。

7.2.4　发展低碳经济

发展低碳经济是实现中国经济和环境可持续发展的必由之路。主要从以下几个方面入手：第一，从国际贸易角度，通过出口产品结构优化，逐步构建以知识和技术密集型产品为主的出口贸易结构，并建立集约型的出口贸易模式，促进中国向低碳、清洁的绿色贸易体系方向转变，实现中国对外贸易经济收益和环境成本的均衡发展。第二，树立正确的低碳环保发展观念，通过开展低碳技术创新和低碳技术应用，提升企业自身科技水平，改善企业碳排放情况，并将其作为企业长远发展的核心竞争力，实现企业持续健康、跨越式发展。在保证中国经济健康、可持续发展的前提下，努力提高第三产业在中国国民经济中的占有比重，尤其优先发展能耗低、排放小、污染轻的行业，如现代旅游业、现代通信产业、低碳环保服务业等，为实现中国经济低碳化目标打下坚实基础。第三，在不改变现有能源结构基础之上，应用新技术和新方法提高现有能源利用效率。同时加大可再生能源应用范围，逐步降低贸易隐含碳和外商直额投资隐含碳排放量。

7.3　环境规制对污染产业国际转移隐含碳影响研究

7.3.1　模型构建

被解释变量：本章被解释变量主要有3个，分别是：污染产业出口隐含碳、污染产业进口隐含碳和外商直接投资隐含碳。数据来自第6章

计算结果。在本章中，为了衡量贸易成本和经济收益均衡问题。我们将
3 个被解释变量分别做如下定义：出口隐含碳定义为出口隐含碳排放量
与出口贸易额比值，进口隐含碳定义为进口隐含碳排放量与进口贸易额
比值，外商直接投资隐含碳定义为外商直接投资隐含碳排放量与外商直
接投资额比值。

隐含碳影响因素如下：

影响隐含碳排放的因素很多。例如，生产结构、消费结构和最终需
求结构等结构性因素是全球贸易体系分析的重要因素。基于本章研究中
国贸易成本和经济利益均衡问题，以及数据可得性，本章选择的影响因
素主要包括：环境规制（EG）、人均工业产值（IP）、能源效率（ER）、
中间产品投入（IR）、最终需求（FR）和碳排放强度（CR）。具体变量
解释如下：

环境规制（EG）：环境法规是解决国际贸易中产生的环境问题的常
用手段。王等（Wang et al.，2016）指出，由于严格的环境法规促使工
业企业改进生产技术，促进企业更多地生产绿色和环保产品。因而，环
境规制对中国进出口商品起到了积极作用。环境规制手段很多，本章借
鉴沈等（Shen et al.，2017），用 3 个指标衡量环境规制，分别是污染产
业工业 SO_2 排放量与该行业工业产值比值（EG1）、污染产业工业废水
排放量与该行业工业产值比值（EG2）和污染产业工业固体废物排放量
与该行业工业产值比值（EG3）。当 EG1、EG2 和 EG3 比值较大时，说
明环境规制程度较小；当 EG1、EG2 和 EG3 比值较小时，说明环境规
制程度较大。基于此，本章假设 3 个环境规制指标与污染产业进出口贸
易隐含碳和对外直接投资隐含碳排放量呈正相关关系。

人均污染产业产值（GDP）：伴随经济全球化发展以及全球贸易
规模扩大，经济的快速增长促进了全球产业国际转移，从而影响了全
球国际转移中隐含碳的排放量。隐含碳伴随着国际转移正在从发展中
国家流向发达国家。在本章中，为了研究经济增长与隐含碳之间的关
系，我们选择将人均污染产业产值指标，并将其定义为各污染产业工
业产值与各污染产业从业人员比值。污染产业工业产值以 2001 年指
数进行平减。

能源效率（ER）：能源效率是衡量能源使用率的常用指标。能源效
率常被定义为一个国家或者产业能源消耗量与国内生产总值或者工业产

值的比值。赵等（Zhao et al.，2016）研究得出能源效率越高，国际转移中的碳排放量就会降低。在本章中，我们将能源效率定义为污染产业能源消耗量与污染产业产值的比值。并假设能源效率与污染产业进出口隐含碳，和对外直接投资隐含碳负相关关系。

中间产品投入（IR）：在国际产业转移中，外资和能源流入是中间产品投入的主要来源，而且影响隐含碳流动。进口国中间投入和出口国中间投入对隐含碳排放起到的作用不同。钟等（Zhong et al.，2018）研究得出东道国的中间投入对贸易进口隐含碳起到积极作用，而对出口隐含碳产生消极影响。基于此，本章选取中间产品投入作为衡量国际产业转移，假设中间产品投入与污染产业贸易进口隐含碳和污染产业对外直接投资隐含碳正相关，与污染产业贸易出口隐含碳负相关。

最终需求（FR）：对于一个国家来说，每个部门通过国际供应链进口其他国家的最终产品作为最终需求。由于全球贸易驱动隐含碳排放，因而最终要求也是影响隐含碳排放量的主要因素之一。许和迪特森巴赫（Xu and Dietzenbacher，2014）研究得出东道国最终需求驱动进口隐含碳排放量增加，而来自国外最终需求驱动出口隐含碳排放增加。本章选择最终需求作为影响隐含碳排放的重要因素，并假设东道国的最终要求对进口隐含碳和对外直接投资隐含碳产生积极影响，而对于出口隐含碳产生消极影响。

碳排放强度（CR）：碳排放强度越低，越有利于隐含碳排放量减少。本章选择碳排放强度作为影响隐含碳排放的重要因素，并假设东道国的碳排放强度对进出口隐含碳和对外直接投资隐含碳产生积极影响。

另外，为了考虑隐含碳排放量当期与滞后期之间的关系，我们引入被解释变量滞后变量，并对方程两边变量取得对数。运用动态面板系统 GMM 模型建立的回归方程如下：

$$\ln EEI_{it} = \beta_0 + \beta_1 \ln EEI_{it-1} + \beta_2 \ln EG1_{it} + \beta_3 \ln EG2_{it}$$
$$+ \beta_4 \ln EG3_{it} + \beta_5 \ln ER_{it} + \beta_6 \ln GDP_{it} + \beta_7 \ln IR_{it}$$
$$+ \beta_8 \ln FR_{it} + \beta_9 \ln CA_{it} + \mu_{it} + \varepsilon_{it} \tag{7.1}$$

$$\ln EEE_{it} = \beta_0 + \beta_1 \ln EEE_{it-1} + \beta_2 \ln EG1_{it} + \beta_3 \ln EG2_{it}$$
$$+ \beta_4 \ln EG3_{it} + \beta_5 \ln ER_{it} + \beta_6 \ln GDP_{it} + \beta_7 \ln IR_{it}$$
$$+ \beta_8 \ln FR_{it} + \beta_9 \ln CA_{it} + \mu_{it} + \varepsilon_{it} \tag{7.2}$$

$$\ln EED_{it} = \beta_0 + \beta_1 \ln EED_{it-1} + \beta_2 \ln EG1_{it} + \beta_3 \ln EG2_{it}$$
$$+ \beta_4 \ln EG3_{it} + \beta_5 \ln ER_{it} + \beta_6 \ln GDP_{it} + \beta_7 \ln IR_{it}$$
$$+ \beta_8 \ln FR_{it} + \beta_9 \ln CA_{it} + \mu_{it} + \varepsilon_{it} \tag{7.3}$$

式 (7.1)、式 (7.2) 和式 (7.3) 中，i 表示不同的污染产业 (i = 1, 2, ⋯, 8)，t 表示年份 (t = 2001, ⋯, 2011)；EEI 代表进口隐含碳，EEI_{it-1} 为进口隐含碳滞后项，EEE 代表出口隐含碳，EEE 代表出口隐含碳滞后项，EED 代表外商直接投资，EED 代表外商直接投资隐含碳的滞后项。EG1 代表污染产业工业 SO_2 排放量与该行业工业产值比值，EG2 代表污染产业工业废水排放量与该行业工业产值比值，EG3 污染产业工业固体废物排放量与该行业工业产值比值，ER 代表能源效率，GDP 代表人均污染产业产值，IR 代表中间品投入，FR 代表最终产品需求，CR 代表碳排放强度。

7.3.2　数据来源

基于第 6 章的数据结果，选取了 2001～2011 年 8 个污染行业数据，包括纺织业，造纸以及纸制品制造业，食品制造业，石油加工、炼焦及核燃料加工业，化学原料及化学制品制造业，非金属矿物制品业，金属冶炼和电力、热力的生产和供应业。数据来自 WIOD 数据库数据、《中国工业统计年鉴》[①]《中国能源统计年鉴》[②]《中国环境统计年鉴》[③]。具体变量说明和数据描述性统计如表 7 - 1、表 7 - 2 所示。

表 7 - 1　　　　　　　　　　具体变量说明

变量名称	变量符号	变量说明
进口隐含碳	EEI	进口隐含碳排放量与进口额比值
出口隐含碳	EEE	出口隐含碳排放量与出口额比值
外商直接投资隐含碳	EED	外商直接投资隐含碳排放量与外商直接投资额比值
环境规制 1	EG1	污染产业工业 SO_2 排放量与该行业工业产值比值

[①] 国家统计局工业司：《中国工业统计年鉴 (2016)》，中国统计出版社 2016 年版。
[②] 中华人民共和国统计局：《中国统计年鉴 (2016)》，中国统计出版社 2016 年版。
[③] 国家统计局能源司：《中国能源统计年鉴 (2016)》，中国统计出版社 2016 年版。

变量名称	变量符号	变量说明
环境规制2	EG2	污染产业工业废水排放量与该行业工业产值比值
环境规制3	EG3	污染产业工业固体废物排放量与该行业工业产值比值
能源效率	ER	能源消耗量与污染产业工业产值比值
人均污染产业产值	GDP	各污染产业产值与各产业就业人数比值
中间产品投入	IR	来自 WIOD 数据库数据
最终需求	FR	来自 WIOD 数据库数据
碳排放强度	CR	二氧化碳排放量与总产出比值

资料来源：笔者计算整理。

表 7 – 2　　　　　　　　　　数据描述性统计

变量	均值	标准差	最小值	最大值	样本数
lnEEI	− 7. 922	− 7. 866	− 9. 889	− 5. 648	88
lnEEE	− 6. 457	− 5. 525	− 9. 371	− 4. 301	88
lnEED	0. 663	0. 968	− 0. 984	2. 351	88
lnEG1	2. 984	3. 652	0. 291	5. 249	88
lnEG2	1. 037	1. 324	− 0. 887	3. 455	88
lnEG3	− 1. 983	− 1. 839	− 4. 881	0. 254	88
lnER	− 0. 801	− 1. 987	− 4. 112	0. 674	88
lnGDP	8. 368	0. 431	6. 581	10. 739	88
lnIR	9. 027	7. 434	5. 172	15. 361	88
lnFR	8. 263	5. 781	3. 114	10. 662	88
lnCR	− 0. 338	− 2. 765	− 4. 752	2. 895	88

资料来源：笔者计算整理。

7.3.3 结果分析

1. 单位根检验

为避免由于变量非平稳而导致伪回归现象在回归模型结果中出现，

首先，需要对所有变量做面板单位根检验。假如检验结果显示所有变量是平稳的，我们可以对模型进行回归分析；假如检验结果显示有部分变量是非平稳的，则需要对非平稳变量进行协整关系检验或者差分处理。常用的面板单位根检验方法包括：LLC（Levin、Lin and Chu，2002）检验、HT（Harris and Tzavalis，1999）、IPS（Im，Pesaran and Shin，2003），本章采用 LLC（Levin，Lin and Chu，2002）检验，检验结果如表 7－3 所示。

表 7－3　　　　　　　各变量面板 LLC 单位根检验结果

变量	T 检验统计量	P 值	结论
lnEEI	－4.321	0.0000	平稳
lnEEE	－5.329	0.0000	平稳
lnEED	－3.027	0.0001	平稳
lnEG1	－4.742	0.0000	平稳
lnEG2	－6.441	0.0000	平稳
lnEG3	－5.992	0.0001	平稳
lnER	－6.144	0.0000	平稳
lnGDP	－5.229	0.0000	平稳
lnIR	－5.348	0.0004	平稳
lnFR	－3.882	0.0000	平稳
lnCR	－4.771	0.0000	平稳

资料来源：笔者计算整理。

从表 7－3 的检验结果我们可以看出，所有变量都通过单位根 1%显著性检验，则可以说明各个变量均为平稳序列。因而，我们可以进行下一步回归研究环境规制对于进出口隐含碳和外商直接投资隐含碳的影响情况。另外，在所有模型回归之前，利用方法膨胀因子检验模型的多重共线性，结果显示所有变量 VIF 平均值为 4.3，均小于 10，说明所有模型不存在多重共线性。

2. 实证结果

在应用系统 GMM 动态面板模型回归之前，首先，应用 Hansen 检验系统 GMM 中工具变量的过度识别问题。从模型 1、模型 2 和模型 3 结果可以看出，Hansen 检验 P 值分别是 0.356、0.432 和 0.461，则可以说明模型中选择的工具变量是合理的。其次，应用 AR（1）和 AR（2）的 P 值检验模型合理性，从检验结果可以看出模型 1、模型 2 和模型 3 残差一阶差分 P 值都显著，而残差二阶差分 P 值都不显著，可以说明三个模型都与序列不相关。因而，我们可以认为模型基本设定是准确的，得到的估计结果是可靠的。动态面板系统 GMM 模型回归结果如表 7-4 所示。

表 7-4 动态面板 GMM 回归模型

变量	模型 1（进口）	模型 2（出口）	模型 3（投资）
L. lnEEI	0.83 *** （8.99）		
L. lnEEE		0.709 ** （2.27）	
L. lnEED			0.34 *** （3.07）
lnEG1	0.31 *** （2.06）	0.47 ** （3.01）	0.25 *** （1.95）
lnEG2	0.72 （3.95）	0.51 * （2.04）	0.64 （3.22）
lnEG3	0.18 *** （5.23）	0.33 ** （3.82）	0.48 ** （4.61）
lnER	−0.36 *** （−0.67）	−0.41 *** （−0.83）	−0.13 *** （−0.74）
lnGDP	0.11 ** （1.58）	−0.51 （−2.03）	−0.26 *** （−3.25）
lnIR	0.19 ** （2.33）	−0.33 ** （3.56）	−0.15 ** （−1.89）
lnFR	0.09 （0.13）	−0.07 ** （−0.21）	0.04 （0.22）
lnCR	−0.09 ** （−1.05）	−0.12 ** （−1.98）	−0.22 ** （−2.44）
常数项	6.03 *** （3.15）	6.77 *** （4.09）	7.54 *** （5.33）
工具变量	8	8	8
AR（1）	0.002	0.007	0.009
AR（2）	0.187	0.132	0.144
Hansen test（p 值）	0.356	0.432	0.461
样本值	88	88	88

注：*、**、*** 分别表示在 10%、5% 和 1% 的统计水平下显著性；括号内代表的是 P 值，Arellano – Bond 和 Hansen 检验分别给出了所对应的 P 值。

资料来源：笔者计算整理。

表 7-4 显示动态面板 GMM 回归结果，模型 1、模型 2 和模型 3 分别代表影响因素对进口隐含碳、出口隐含碳和外商直接投资隐含碳的回归结果。从回归结果可以看出，进出口隐含碳和外商直接投资隐含碳一阶滞后变量与进出口隐含碳和外商直接投资隐含碳显著正相关，可以看出隐含碳排放明显存在路径依赖特征。环境规制与进出口隐含碳、外商直接投资隐含碳呈正相关关系。对于工业 SO_2 排放而言，工业 SO_2 排放减少 1%，进口隐含碳减少 31%，出口隐含碳减少 47%，外商直接投资隐含碳减少 25%。通过比较可以看出环境规制对于污染产业出口隐含碳排放量影响最大；对于工业废水排放而言，工业废水排放减少 1%，出口隐含碳减少 51%；对于工业固体废物排放而言，工业固体废物排放减少 1%，进口隐含碳减少 18%，出口隐含碳减少 33%，外商直接投资隐含碳减少 48%。可以看出环境规制对于实现污染产业环境成本和经济利益均衡是至关重要的。这可能是由于：（1）政府出台严格的环境规制政策使得中国进口厂商更加注重进口产品碳排放情况，从而迫使国外出口商只有不断降低产品碳排放才能达到进口国产品标准。与此同时，严格的环境规制政策可能使得外商投资更加注重对中国高技术含量、高科技产品的投资，从而有利于中国环境状况的改善。（2）严格的环境规制政策尽管短期内可能增加企业成本、增加企业环境治理投入，但从长期看，有利于企业设备更新换代，提高企业产品技术含量，促进低碳技术在企业中的应用，降低企业环境成本，改善企业环境状况。（3）环境规制政策能够逐步提高人们的环境保护意识，从而使得消费者逐渐更倾向于购买绿色、健康产品，市场对于污染产品的需要将会产生下降，倒逼企业改善产品生产经营，实现经济和环境可持续发展。

能源效率与进出口隐含碳和外商直接投资隐含碳显著负相关。也就是说，能源效率提高 1%，进口隐含碳减少 36%，出口隐含碳减少 41%，外商直接投资隐含碳减少 13%。可以看出，能源效率提高对于隐含碳降低，实现经济和环境可持续发展起到了重要作用。提高能源利用效率，在增加企业经济利益的同时，对污染物排放起到了减排作用。因而，通过调整中国以化石燃料为主的能源消费结构，隐含碳减排潜力巨大。对于这一目标，可以通过开采页岩气和煤层气来促进天然气的份额，并开发风能、水力、太阳能和生物燃料等可再生能源。加强碳捕集与封存技术应用，最终可以使化石燃料变得更加"清洁"。

人均污染产业产值与出口隐含碳和对外直接投资隐含碳显著负相关，与进口隐含碳显著正相关。也就是说，人均污染产业产值增加1%，出口隐含碳减少51%，外商直接投资隐含碳减少26%，而进口隐含碳增加11%。可能的解释是，对于出口而言，人均污染产业产值越高，说明国家经济发展也就越高，从而有利于企业淘汰落后产能，逐步将低碳技术应用到企业生产经营中，改变企业经营模型，在提高经济效益的同时，改善了企业自身环境问题，从而降低了出口隐含碳排放量。对于进口而言，经济发展水平越高，从国外进口的初级产品、能源密集型产品可能就会越多，从而增加了进口隐含碳排放量。对于外商直接投资而言，一个经济发展水平较高的国家，环境保护法律法规相对健全，可能对于外商投资环境标准要求较高，从而降低了外商直接投资隐含碳的排放量。

中间品投入与进口隐含碳显著正相关，与出口隐含碳、外商直接投资隐含碳显著负相关。也就是说，中间品投入1%，进口隐含碳增加19%，而外商直接投资隐含碳减少33%，出口隐含碳减少15%。可以看出，中间品投入对于减少污染产业出口隐含碳和外商直接投资隐含碳排放量起到了重要作用。而对于进口而言，由于近些年中国进口中间品数量在逐年增长，但由于进口国可能存在较高碳排放强度，导致了中国进口的中间品隐含碳增加，不利于中国节能减排。最终需求与出口隐含碳显著负相关。最终需求增加1%，出口隐含碳减少7%。最终需求对于出口贸易隐含碳起到了减排作用。可能存在的原因是，伴随着消费者环保意识增强，对于产品要求越来越高，迫使生产厂商不得不进行技术创新和产业升级，降低了产品隐含碳排放。

碳排放强度与进出口隐含碳和外商直接投资隐含碳显著负相关，碳排放强度增加1%，进口隐含碳减少9%，出口隐含碳减少12%，外商直接投资隐含碳减少22%。可以看出，碳排放强度有减排作用。碳排放强度增强，有利于技术效率提高，促进了碳排放减少。

7.4　小　　结

基于第 6 章国际转移的经济收益和环境效益不均衡现状，本章首先从资源要素禀赋差异、国际分工差异和制度环境差异方面分析了国际转移利益不均衡的主要根源，并从建立全球国际转移体系、健全法律法规、明确碳排放责任和低碳经济发展四个层面提出国际转移利益均衡实现机制。其次，探究环境规制对于污染产业进口隐含碳、出口隐含碳和外商直接投资隐含碳的影响。结果可以看出，环境规制对于进口隐含碳、出口隐含碳和外商直接投资隐含碳具有减排作用。碳排放强度促进了进出口隐含碳和外商直接投资隐含碳减少，人均污染产业产值增加有利于出口隐含碳和外商直接投资隐含碳排放量减少，不利于进口隐含碳减少。中间品投入减少有利于出口产品和外商直接投资隐含碳减少，不利于进口隐含碳减少。最终需求增加减少了出口隐含碳排放。

第8章 结论与展望

在全球价值链体系下，世界各国和地区之间的联系和合作越来越多。作为重要工业行业，污染产业转移促进生产要素在全球范围内的流动和资源重新配置。然而，污染产业又是"高污染、高耗能"行业，在促进各个国家和地区经济发展的同时，破坏了生态环境。在中国国内，污染产业转移对于中国大气污染物造成了影响。并且由于中国污染产业主要转向中国西部工业企业，势必对于西部地区工业企业环境效率产生影响。从国际产业转移角度，污染产业进出口贸易带来的经济收益和环境效益不均衡问题日趋严重，并且外商直接投资在中国快速发展，其碳排放问题也不容忽视。本书主要结论包括：

（1）利用污染排放强度指数，从大气污染物排放角度，对污染产业进行了定义。将以下 10 个行业定义为污染产业，包括造纸及纸制品业、非金属矿物制品业、黑色金属冶炼及压延加工业、化学原料及化学制品制造业、纺织业、农副食品加工业、有色金属冶炼及压延加工业、电力/热力的生产和供应业、石油加工/炼焦及核燃料加工业、食品制造业。

（2）利用区位熵指数从动态角度划分了中国污染产业转入区和转出区。污染产业转出区包括北京、天津、山西、辽宁、黑龙江、上海、江苏、浙江、广东；污染产业转入区包括河北、内蒙古、吉林、安徽、福建、江西、山东、河南、湖北、湖南、广西、海南、重庆、四川、贵州、云南、陕西、甘肃、青海、宁夏和新疆。从结果可以看出污染产业转出区主要集中在东部地区，而污染产业转入区主要集中在中西部地区，并且污染产业向中西部地区转移程度在逐年递增。

（3）从污染产业转移对大气污染物影响结果可以看出，污染产业转移对于 CO_2 和烟尘排放起到了减排作用，但增加了 SO_2 排放。因而，污染产业转移对于不同污染物起到了不同作用。另外，①从 CO_2 回归结果可以看出，人均 CO_2 排放滞后 1 期、城镇化、人均能源消费量和第二产业占比增加是造成碳排放增长的主要原因，而人均实际 GDP、外商直接投资和环境治理投资则起到了碳减排作用；②从 SO_2 回归结果可以看出，人均 SO_2 排放滞后 1 期、城镇化、人均实际 GDP、人均能源消费量和第二产业占比增加造成了 SO_2 排放量增长，而外商直接投资和环境治理投资则起到了 SO_2 减排作用；③从烟尘回归结果可以看出，人均烟尘排放滞后 1 期、城镇化、人均能源消费量和第二产业占比增加造成了烟尘排放量增长，而人均实际 GDP、外商直接投资和环境治理投资则起到了烟尘减少作用。

（4）伴随污染产业转移向中国西部地区转移，其对于西部地区工业企业经济发展和环境保护都会造成影响。第 4 章首先基于 SBM - DEA 非期望产出模型计算了西部 11 个省份工业企业静态环境效率，结果表明，①2003～2009 年，西部地区工业企业环境效率整体上呈下降趋势，2010 年以后工业企业环境效率呈逐步上升态势；②西部地区工业环境效率呈现出明显区域差异，内蒙古和陕西具有较高工业企业环境效率，而贵州的工业企业环境效率较差。其次，从动态角度，基于考虑环境因素的 Malmquist - luenberger（ML）指数测算了 2003～2015 年中国西部 11 个省份工业行业全要素生产率的动态变化情况。从结果可以看出，除个别年份外，整体上中国西部地区工业行业全要素增长率呈现递增趋势，但各个省份工业生产率存在较大差异，技术进步是推动工业生产率增长的主要因素，忽视环境因素低估了西部地区工业行业生产率的增长率。随后，Tobit 模型用来探讨污染产业转移和其他因素对于工业企业环境效率的影响情况。从结果可以看出，污染产业转移对于西部地区工业企业环境效率改善起到了积极的作用。环境治理投资、研发投入与工业企业环境效率显著正相关，而人均实际 GDP、国有控股企业占比与工业企业环境效率显著负相关。另外，对外直接投资对西北地区工业企业环境效率起到了积极的改善作用，而对西南地区工业企业环境效率起到了消极作用。

（5）对比分析污染产业国际转移产生经济收益和环境效益非均衡问题。结果可以看出：①除 2009 年金融危机外，2001～2011 年，中国污染产业进出口贸易额以及外商直接投资额都呈现出递增趋势。C7 金

116

属冶炼业出口贸易额最大，而 C5 化学原料及化学制品制造业则是进口贸易额和外商直接投资额最大。②从 CO_2 排放系数可以看出，各污染行业 CO_2 排放系数呈现出递减趋势，可以看出近些年各个污染行业节能减排取得了不错效果。但各个污染行业排放系数差距很大。碳排放系数最大的是 C8 电力、热力的生产和供应业，C1 食品制造业碳排放系数最小。③2001～2011 年，污染产业出口隐含碳排放量呈现出递增趋势，其在中国 CO_2 排放中平均占比为 9.55%。其中，C7 金属冶炼业是出口隐含碳排放量最多的行业，而 C3 造纸以及纸制品制造业是出口隐含碳排放量最少的行业。④对于进口隐含碳而言，整体上进口隐含碳排放量也呈现出递增趋势，但其增速低于出口隐含碳。进口隐含碳在中国 CO_2 排放中平均占比为 2.32%。C5 化学原料及化学制品制造业进口隐含碳排放最多，而 C3 造纸以及纸制品制造业和 C8 电力、热力的生产和供应业进口隐含碳排放最少。⑤2001～2011 年，对于净出口隐含碳而言，其在中国 CO_2 排放中平均占比为 7.23%。尽管整体上各污染行业净出口隐含碳仍呈现出递增态势，但 C4 石油加工、炼焦及核燃料加工业有了明显下降，呈现出贸易顺差情形。⑥对于外商投资隐含碳而言，其在中国 CO_2 排放中平均占比为 2.89%。C8 电力、热力的生产和供应业对外投资隐含碳排放最多。⑦总体上看，净出口隐含碳和对外直接投资隐含碳在中国总的 CO_2 排放中的占比高达 10.12%，给中国环境造成了巨大压力。⑧从进出口贸易隐含碳污染指数可以看出，尽管近些年贸易隐含碳污染指数有下降趋势，但贸易隐含碳污染指数总体上大于 2。因而，中国为进口国承担了碳排放责任。总之，中国呈现出严重污染产业国际转移利益不平衡现象。

（6）基于中国污染产业国际转移存在的利益不均衡现象，从资源要素禀赋差异、国际分工差异和制度环境差异三个维度分析国际转移利益不均衡的主要根源。并从建立全球国际转移体系、健全法律法规、明确减排责任和低碳经济发展四个层面给出污染产业国际转移利益均衡实现机制。随后，从环境规制对中国污染产业进口隐含碳、出口隐含碳和外商直接投资隐含碳的影响结果可以看出，环境规制加强对于进口隐含碳、出口隐含碳和外商直接投资隐含碳具有减排作用。碳排放强度有利于进出口隐含碳和外商直接投资隐含碳减少，人均污染产业产值有利于出口隐含碳和对外直接投资隐含碳排放量减少，不利于进口隐含碳减少。中间品投入减少有利于出口产品和对外直接投资隐含碳减少，不利于进口隐含碳减少。最终需求对于出口隐含碳排放起到了减排作用。

为了更好地解决污染产业国际转移利益均衡问题，实现中国社会经济和环境可持续发展，结合本书研究结论，我们给出了以下政策建议：第一，政府应出台针对污染产业专门的环境相关法律法规，并且加大环境治理资金投入力度，从环境规制角度促进污染产业可持续、健康发展；第二，在全国范围内，加强污染产业结构调整，提高新技术、可再生能源在污染产业的应用，从根源上降低污染产业碳排放问题；第三，加强与其他发展中国家之间的联系，增加发展中国家在气候谈判方面的话语权，保证碳减排责任分配公平、合理性。

本书试图探索污染产业区际转移的影响机理，及污染产业国际转移经济收益和环境效益实现机制。研究结果对于认知污染产业国内外产业转移现状，促进产业结构调整，实现中国经济和环境均衡发展具有重要的现实意义，但本书还存在一些不足，今后应从以下几个方面进行拓展和补充。第一，本书研究的污染产业国际转移利益均衡实现机制是从中国角度构建，并没有从国际转移双方角度考虑如何构建利益均衡实现机制。因而，今后国际转移利益均衡研究应考虑从全球价值链角度，构建适合每个国家和地区国际转移利益均衡实现机制。第二，本书是基于单区域投入产出方法研究中国污染产业进出口贸易隐含碳问题，并没有从多区域角度细分与中国贸易往来伙伴国家的污染产业进出口隐含碳情况和进出口贸易不均衡问题。今后研究中应该拓展到多个国家贸易进出口利益均衡问题，并应从双方利益角度对于利益不均衡问题进行实证分析。第三，伴随"一带一路"积极推进，中国对外直接投资发展迅速，2014年，中国对外直接投资达到1231.2亿美元，较2001年增长了9倍。中国对外投资促进经济发展的同时，不可避免地给投资国带来了环境问题。由于数据原因，本书研究并未考虑中国对外直接投资引起的碳排放问题。未来，应从双向直接投资角度考虑经济收益和环境成本问题。第四，国内污染产业转移在给各省份带来经济收益的同时不可避免地带来了环境问题，本书研究中并没有分析污染产业转移给中国各省份造成的经济利益和环境效益不均衡问题，未来可从国内污染产业转移角度构建产业转移利益均衡框架，实现国内产业转移利益均衡发展。

参 考 文 献

中文文献

1. 中文著作

［1］陈建军：《产业区域转移与东扩西进战略——理论与实证分析》，中华书局 2002 年版。

［2］郝寿义、安虎森：《区域经济》，经济科学出版社 2004 年版。

［3］卢根鑫：《国际产业转移》，上海人民出版社 1997 年版。

［4］梁琦：《产业集聚论》，中国人民大学出版社 2004 年版。

［5］芮明杰：《产业经济学》，上海财经大学出版社 2005 年版。

［6］赵西康：《环境保护与产业国际竞争力——理论与实证分析》，中国社会科学出版社 2003 年版。

2. 中文译著

［1］［瑞典］贝蒂尔·奥林，王继祖等译：《地区间贸易和国际贸易》，首都经济贸易大学出版社 2009 年版。

［2］［日本］小岛清，周宝廉译：《对外贸易论》，南开大学出版社 1987 年版。

3. 中文期刊

［1］陈华：《边际产业扩张理论对我国对外直接投资的启示》，载于《财贸研究》1999 年第 6 期。

［2］曹彩虹、韩立岩：《进出口贸易中隐含碳量对环境影响的度量及中美比较》，载于《国际贸易问题》2014 年第 6 期。

［3］成艾华、魏后凯：《促进区域产业有序转移与协调发展的碳减排目标设计》，载于《中国人口·资源与环境》2013 年第 1 期。

［4］豆建民、沈艳兵：《产业转移对中国中部地区的环境影响研究》，载于《中国人口·资源与环境》2014 年第 11 期。

［5］冯根福、刘志勇、蒋文定：《我国东中西部地区间工业产业转

移的趋势、特征及形成原因分析》，载于《当代经济科学》2010 年第2 期。

[6] 范剑勇：《长三角一体化、地区专业化与制造业空间转移》，载于《管理世界》2004 年第 11 期。

[7] 胡建波、郭风：《中国进出口产品中的隐含碳污染贸易条件变化研究》，载于《国际贸易问题》2017 年第 10 期。

[8] 刘辉、李志翠：《我国西部工业环境效率与经济效率的差异研究——基于 DEA – SBM 模型与 DEA – CCR 模型的比较分析》，载于《西部论坛》2013 年第 6 期。

[9] 刘友金、胡黎明：《产品内分工、价值链重组与产业转移——兼论产业转移过程中的大国战略》，载于《中国软科学》2011 年第 3 期。

[10] 李平星、曹有挥：《产业转移背景下区域工业碳排放时空格局演变——以泛长三角为例》，载于《地理科学进展》2013 年第 8 期。

[11] 刘祥生：《边际产业扩张理论介评及启示》，载于《国际贸易问题》1992 年第 12 期。

[12] 李习平：《邓宁国际生产折衷理论思想及拓展研究》，载于《全国商情（理论研究）》2013 年第 3 期。

[13] 廖双红、肖雁飞：《污染产业区域间转移与中部地区碳转移空间特征及启示》，载于《经济地理》2017 年第 2 期。

[14] 肖德：《产业周期理论研究》，载于《经济学动态》1997 年第 10 期。

[15] 许静、周敏、夏青：《中国省际间产业区域转移的碳排放动态效应及影响机制》，载于《中国地质大学学报（社会科学版）》2017 年第 2 期。

[16] 孙浩进：《国内外主要产业转移理论比较与评析》，载于《福建论坛（人文社会科学版）》2012 年第 2 期。

[17] 邵帅、张可、豆建民：《经济集聚的节能减排效应：理论与中国经验》，载于《管理世界》2019 年第 1 期。

[18] 孙晓华、郭旭、王昀：《产业转移、要素集聚与地区经济发展》，载于《管理世界》2018 年第 5 期。

[19] 夏友富：《外商投资中国污染密集产业现状、后果及其对策

研究》，载于《管理世界》1999 年第 3 期。

［20］肖雁飞、万子捷、刘红光：《我国区域产业转移中"碳排放转移"及"碳泄漏"实证研究——基于 2002 年、2007 年区域间投入产出模型的分析》，载于《财经研究》2014 年第 2 期。

［21］姚从容：《产业转移、环境规制与污染集聚：基于污染密集型产业空间变动的分析》，载于《广东社会科学》2016 年第 5 期。

［22］张俊、林卿：《产业转移对我国区域碳排放影响研究——基于国际和区域产业转移的对比》，载于《福建师范大学学报（哲学社会科学版)》2017 年第 4 期。

［23］张公嵬、梁琦：《产业转移与资源的空间配置效应研究》，载于《产业经济评论》2010 年第 3 期。

外文文献

1. 外文期刊

［1］Ang B. , Choi K. H. Decomposition of aggregate energy and gas emission intensities for industry：a refined Divisia index method. *Energy Journal*, Vol. 18, No. 3, July 1997, pp. 59 – 73.

［2］Ang B. W. , Liu F. A new energy decomposition method：perfect in decomposition and consistent in aggregation. *Energy*, Vol. 26, No. 6, June 2001, pp. 537 – 548.

［3］Antweiler W. The pollution terms of trade ［J］. *Economic Systems Research*, Vol. 8, No. 4, June 1996, pp. 361 – 365.

［4］Arellano M. , Bond S. R. Some tests of specification for panel data：Monte Carlo evidence and an application to employment equations ［J］. *Review of Economic Studies*, Vol. 58, July 1991, pp. 277 – 297.

［5］Banker R. D. , Charnes A. , Cooper W. W. Some Models for Estimating Technical and Scale Inefficiencies in Data Envelopment Analysis ［J］. *Management Science*, Vol. 30, No. 9, September 1984, pp. 1078 – 1092.

［6］Bartik T. J. The effects of environmental regulation on business location in the United States. *Growth and Change*, Vol. 19, No. 3, July 1988, pp. 22 – 44.

［7］Becker R. , Henderson V. Effects of air quality regulations on polluting industries. *Journal of Political Economy*, Vol. 108, No. 2, April 2000, pp. 379 – 421.

[8] Beckerman W. Economic growth and the environment: whose growth? Whose environment? *World Development*, Vol. 20, No. 4, April 1992, pp. 481 – 496.

[9] Blundell R., Bond S. Initial conditions and moment restrictions in dynamic panel data models [J]. *Economics Papers*, Vol. 87, No. 1, November 1998, pp. 115 – 143.

[10] Böhringer C., Bye B., Fæhn T., Rosendahl K. E. Targeted carbon tariffs: Export response, leakage and welfare [J]. *Resource and Energy Economics*, Vol. 50, November 2017, pp. 51 – 73.

[11] Charnes A., Cooper W. W., Rhodes E. Measuring the efficiency of decision making units [J]. *European Journal of Operational Research*, Vol. 2, November 1978, pp. 429 – 444.

[12] Chung S. Environmental regulation and foreign direct investment: evidence from South Korea. *Journal of Development Economics*, Vol. 108, May 2014, pp. 222 – 236.

[13] Chung Y H., Färe R., Grosskopf S. Productivity and undesirable outputs: A directional distance function approach [J]. *Journal of Environmental Management*, Vol. 51, No. 3, November 1997, pp. 229 – 340.

[14] Cole M. A. Trade, the pollution haven hypothesis and the environmental Kuznets curve: examining the linkages [J]. *Ecological Economics*, Vol. 48, No. 1, January 2004, pp. 71 – 81.

[15] Cole M. A., Elliott R. J. R. Determining the trade-environment composition effect: the role of capital, labor and environmental regulations [J]. *Journal of Environmental Economics and Management*, Vol. 46, No. 3, November 2003, pp. 363 – 383.

[16] Copeland B. R., Taylor M. S. North-south trade and the environment [J]. *Quarterly Journal of Economics*, Vol. 109, No. 3, August 1994, pp. 755 – 787.

[17] Dietz T., Rosa E. A. Rethinking the environmental impacts of population, affluence, and technology [J]. *Human Ecology Review*,

Vol. 1, January 1994, pp. 277 – 300.

[18] Dietzenbacher E. , Pei J. S. , Yang C. H. Trade, production frag-mentation, and China's carbon dioxide emissions [J]. *Journal of Environmental Economics and Management*, Vol. 64, No. 1, July 2012, pp. 88 – 101.

[19] Dong Y. L. , Ishikawa M. , Hagiwara T. J. Economic and environmental impact analysis of carbon tariffs on Chinese exports [J]. *Energy Economics*, Vol. 50, July 2015, pp. 80 – 95.

[20] Duan Y. W. , Jiang, X. M. Temporal Change of China's Pollution Terms of Trade and its Determinants [J]. *Ecological Economics*, 2017, Vol. 132, February 2017, pp. 31 – 44.

[21] Ehrlich P. R. , Holdren J. P. Impact of population growth [J]. *Science*, Vol. 171, No. 3977, March 1971, pp. 1212 – 1217.

[22] Farhani S. , Shahbaz M. What role of renewable and non-renewable electricity consumption and output is needed to initially mitigate CO_2 emissions in MENA region? [J]. *Renewable and Sustainable Energy Reviews*, Vol. 40, December 2014, pp. 80 – 90.

[23] Feng K. S. , Siu Y. L. , Guan D. B. , Hubacek K. Analyzing drivers of regional carbon dioxide emissions for China [J]. *Journal of Industrial Ecology*, June 2012, Vol. 16, No. 4, pp. 600 – 611.

[24] Fischer C. , Fox A. K. Comparing policies to combat emissions leakage: border carbon adjustments versus rebates [J]. *Journal of Environmental Economics and Management*, Vol. 64, No. 2, September 2012, pp. 199 – 216.

[25] Grether J. M. , Mathys N. A. The pollution terms of trade and its five components [J]. *Journal of Development of Economics*, Vol. 100, No. 1, January 2013, pp. 19 – 31.

[26] He J. Pollution haven hypothesis and environmental impacts of foreign direct investment: the case of industrial emission of sulfur dioxide (SO_2) in Chinese provinces. *Ecological Economics*, Vol. 60, No. 1, November 2005, pp. 228 – 245.

[27] Henderson J. V. Effects of air quality regulation [J]. *American*

Economic Review, Vol. 86, 1996, pp. 789 – 813.

[28] Hummels D., Ishii J., Yi K. M. The nature and growth of vertical specialization in world trade [J]. *Social Science Electronic Publishing*, Vol. 54, No. 1, 1999, pp. 75 – 96.

[29] Hübler M. Carbon tariffs on Chinese exports: emissions reduction, threat, or farce? [J]. *Energy Policy*, Vol. 50, November 2012, pp. 315 – 327.

[30] Jeppsen T., List J. A., Folmer H. Environmental regulations and new plant location decisions: evidence from a meta-analysis [J]. *Journal of Regional Science*, Vol. 42, November 2002, pp. 19 – 49.

[31] Jiang Y. K., Cai W. J., Wan L. Y., Wang C. An index decomposition analysis of China's interregional embodied carbon flows [J]. *Journal of Cleaner Production*, Vol. 88, February 2015, pp. 289 – 296.

[32] Lan J., Kakinaka M., Huang X. Foreign direct investment, human capital and environmental pollution in China [J]. *Environmental and Resource Economics*, Vol. 51, No. 2, 2012, pp. 255 – 275.

[33] Lee C. G. Foreign direct investment, pollution and economic growth: evidence from Malaysia [J]. *Applied Economics*, Vol. 41, No. 13, 2009, pp. 1709 – 1716.

[34] Leontief W. W. Quantitative input and output relations in the economic systems of the United States [J]. *Review of Economics and Statistics*, Vol. 18, No. 3, 1936, pp. 105 – 125.

[35] Leontief W. W. Environmental repercussions and the economic structure: an input-output approach [J]. *Review of Economics and Statistics*, Vol. 52, No. 3, 1970, pp. 262 – 271.

[36] Li J. F., Wang X., Zhang Y. X. Is it in China's interest to implement an export carbon tax? [J]. *Energy Economics*, Vol. 34, November 2012, pp. 2072 – 2080.

[37] Li X. P., Lu X. X. International trade, pollution industry transfer and Chinese industries CO_2 emissions [J]. *Economic Research Journal*, Vol. 3, January 2010, pp. 89 – 99.

[38] Liang H. W., Dong L., Luo X., Ren J. Z., Zhang N., Gao

Z. Q. , Dou Y. Balancing regional industrial development: analysis on regional disparity of China's industrial emissions and policy implications [J]. *Journal of Cleaner Production*, Vol. 126, July 2016, pp. 223 – 235.

[39] Liu L. C. , Liang Q. M. , Wang Q. Accounting for China's regional carbon emissions in 2002 and 2007: production-based versus consumption-based principles. *Journal of Cleaner Production*, Vol. 103, No. 15, September 2015, pp. 384 – 392.

[40] Liu Q. Q. , Wang S. J. , Zhang W. H. , Zhan D. S. , Li J. M. Does foreign direct investment affect environmental pollution in China's cities? A spatial econometric perspective. *Science of the Total Environment*, Vol. 613 – 614, No. 1, February 2018, pp. 521 – 529.

[41] Liu X. B. , Ishikawa M. , Wang C. , Dong Y. , Liu W. Analyses of CO_2 emissions embodied in Japan – China trade. *Energy Policy*, Vol. 38, No. 3, March 2010, pp. 1510 – 1518.

[42] Liu Y. , Xiao H. W. , Zhang N. Industrial carbon emissions of China's regions: a spatial econometric analysis [J]. *Sustainability*, Vol. 8, No. 3, February 2016.

[43] López L. A. , Arce G. , Zafrilla J. E. Parcelling virtual carbon in the pollution haven hypothesis [J]. *Energy Economics*, Vol. 39, No. 3, September 2013, pp. 177 – 186.

[44] Machado G. , Schaeffer R. , Worrell E. Energy and carbon embodied in the international trade of Brazil: an input-output approach [J]. *Ecological Economics*, Vol. 39, December 2001, pp. 409 – 424.

[45] Mani, M. , Wheeler, D. In Search of Pollution Havens? Dirty Industry in the World Economy. *Journal of Environment and Development*, Vol. 7, No. 3, September 1998, pp. 215 – 247.

[46] Markusen J. R. International externalities and optimal tax structures [J]. *Journal of International Economics*, Vol. 5, February 1975, pp. 15 – 29.

[47] Mulatu A. , Gerlagh R. , Rigby D. , Wossink A. Environmental regulation and industry location in Europe [J]. *Environmental and Resource Economics*, Vol. 45, No. 4, 2010, pp. 459 – 479.

［48］ Pao H. T. , Tsai C. M. CO$_2$ emissions, energy consumption and economic growth in BRIC countries. *Energy policy*, Vol. 38, No. 12, December 2010, pp. 7850 – 7869.

［49］ Peters G. P. , Hertwich E. G. CO$_2$ embodied in international trade with implications for global climate policy ［J］. *Environmental Science and Technology*, Vol. 42, No. 5, 2008, pp. 1401 – 1407.

［50］ Peters G. P. , Minx J. C. , Weber C. L. , Edenhofer O. Growth in emission transfers via international trade from 1990 to 2008 ［J］. *Proceedings of the National Academy of Sciences of the United States of America*, Vol. 108, 2011, pp. 8903 – 8908.

［51］ Prell C. , Feng K. Unequal carbon exchanges: the environmental and economic impacts of iconic U. S. consumption items ［J］. *Journal of Industrial Ecology*, Vol. 20, No. 1, November 2015, pp. 55 – 62.

［52］ Qi T. Y. , Winchester N. , Karplus V. J. , Zhang X. L. Will economic restructuring in China reduce trade-embodied CO$_2$ emissions ［J］. *Energy Economics*, Vol. 42, March 2014, pp. 204 – 212.

［53］ Shafik N. Economic development and environmental quality: an econometric Analysis ［J］. *Oxford Economic Papers*, Vol. 46, October 1994, pp. 757 – 773.

［54］ Shen J. , Dennis Wei, Y. H. , Yang, Z. The impact of environmental regulations on the location of pollution intensive industries in China. *Journal of Cleaner Production*, Vol. 148, No. 1, April 2017, pp. 785 – 794.

［55］ Su B. , Ang B. W. Input-output analysis of CO$_2$ emissions embodied in trade: a multi-region model for China. *Applied. Energy*, Vol. 114, February 2014, pp. 377 – 384.

［56］ Su B. , Ang B. W. Structural decomposition analysis applied to energy and emissions: some methodological developments. *Energy Economics*, Vol. 83, September 2019, pp. 345 – 360.

［57］ Takeda S. , Tetsuya H. , Arimura T. H. A computable general equilibrium analysis of border adjustments under the cap-and-trade system: a case study of the Japanese economy ［J］. *Social Science Electronic Publishing*, Vol. 3, No. 1, 2011, pp. 573 – 576.

［58］ Tan H. , Sun A. , Lau H. CO₂ embodiment in China – Australia trade: the drivers and implications. *Energy Policy*, Vol. 61, October 2013, pp. 1212 – 1220.

［59］ Timilsina G. R. Oil prices and the global economy: A general equilibrium analysis ［J］. *Energy Economics*, Vol. 49, May 2015, pp. 669 – 675.

［60］ Tobey J. A. The effects of domestic environmental policies on patterns of world trade: an empirical test ［J］. *Kyklos*, Vol. 43, 1990, pp. 191 – 209.

［61］ Tole L. , Koop G. Do environmental regulations affect the location decisions of multinational gold mining firms? ［J］. *Journal of Economic Geography*, Vol. 11, No. 1, January 2010, pp. 151 – 177.

［62］ Tone K. A slacks-based measure of efficiency in data envelopment analysis ［J］. *European Journal of Operational Research*, Vol. 130, No. 3, May 2001, pp. 498 – 509.

［63］ Vernon R. International investment and international trade in the product cycle ［J］. *The Quarterly Journal of Economics*, 1996, pp. 190 – 207.

［64］ Walter I. , Ugelow J. L. Environmental policies in developing countries ［J］. *Ambio*, Vol. 8, 1979, pp. 102 – 109.

［65］ Wang S. , Fang C. , Wang Y. Spatiotemporal variations of energy-related CO₂ emissions in China and its influencing factors: an empirical analysis based on provincial panel data ［J］. *Renewable and Sustainable Energy Reviews*, Vol. 55, March 2016, pp. 505 – 515.

［66］ Weber C. L. , Matthews HS. Embodied environmental emissions in US international trade, 1997 – 2004 ［J］. *Environmental Science and Technology*, Vol. 41, 2007, pp. 4875 – 4881.

［67］ Wei C. , Ni J. L. , Du L. M. Regional allocation of carbon dioxide abatement in China. *China Economic Review*, Vol. 23, No. 3, September 2012, pp. 552 – 565.

［68］ Wyckoff A. W. , Roop J. M. The embodiment of carbon in imports of manufactured products: implications for international agreements on greenhouse gas emissions [J]. *Energy Policy*, Vol. 22, No. 3, 1994, pp. 187 – 194.

[69] Xing Y. Q., Kolstad C. D. Do lax environmental regulations attract foreign investment? [J]. *Environmental and Resource Economics*, Vol. 21, No. 1, January 2002, pp. 1 – 22.

[70] Xu J., Zhang M; Zhou, M., Li H. L. An empirical study on the dynamic effect of regional industrial carbon transfer in China. *Ecological Indicators*, Vol. 73, February 2017, pp. 1 – 10.

[71] Xu Y., Dietzenbacher E. A structural decomposition analysis of the emissions embodied in trade [J]. *Ecological Economics*, Vol. 101, No. 5, May 2014, pp. 10 – 20.

[72] Yin J. H.; Zheng M. Z.; Li X. Interregional transfer of polluting industries: a consumption responsibility perspective. *Journal of Cleaner Production*, Vol. 112, No. 20, January 2016, pp. 4318 – 4328.

[73] Yu Y., Chen F. F. Research on carbon emissions embodied in trade between China and South Korea [J]. *Atmospheric Pollution Research*, Vol. 8, January 2017, pp. 56 – 63.

[74] Zhang B., Qiao H., Chen Z. M., Chen B. Growth in embodied energy transfers via China's domestic trade: evidence from multi-regional input-output analysis. *Applied Energy*, Vol. 184, No. 15, December 2016, pp. 1093 – 1105.

[75] Zhang X., Qi T. Y., Ou X. M., Zhang X. L. The role of multi-region integrated emissions trading scheme: A computable general equilibrium analysis [J]. *Applied Energy*, Vol. 185, January 2017, pp. 1860 – 1868.

[76] Zhang Z., Guo J., Hewings G. J. D. The effects of direct trade within China on regional and national CO_2 emissions. *Energy Economics*, Vol. 46, November 2014, pp. 161 – 175.

[77] Zhang Z. K., Zhu K. F. Border carbon adjustments for exports of the United States and the European Union: Taking border-crossing frequency into account [J]. *Applied Energy*, Vol. 201, September 2017, pp. 188 – 199.

［78］ Zhao Y. H. , Wang S. , Zhang Z. H. , Liu Y. , Ahmad A. Driving factors of carbon emissions embodied in China – US trade: a structural decomposition analysis. *Journal of Cleaner Production*, Vol. 131, No. 10, September 2016, pp. 678 – 689.

［79］ Zheng D, Shi M J. Multiple environmental policies and pollution haven hypothesis: Evidence from China's polluting industries. *Journal of Cleaner Production*, Vol. 141, No. 10, January 2017, pp. 295 – 304.

［80］ Zhong Z. Q. , Jiang L. , Zhou P. Transnational transfer of carbon emissions embodied in trade: characteristics and determinants from a spatial perspective. *Energy*, Vol. 147, No. 15, March 2018, pp. 858 – 875.

［81］ Zhou Y. , Xing X. P. , Fang K. N. , Liang D. P. , Xu C. L. Environmental efficiency analysis of power industry in China based on an entropy SBM model. *Energy Policy*, Vol. 57, June 2013, pp. 68 – 75.

2. 工作论文

［1］ Gray W. B. Manufacturing Plant Location: Does State Polluting Regulation Matter? Working Paper, No. 5880, 1997.

［2］ Grossman, G. M. , Krueger, A. B. Environmental impacts of a north American free trade agreement. NBER Working Papers No. W3914, 1991.

［3］ Low p. , Yeats A. Do "dirty" industries migrate? World Bank Discussion Papers, No. 159, 1992.

［4］ Lucas R. , Wheeler D. , Hettige H. Economic development, environmental regulation, and the international migration of toxic industrial Pollution 1960 – 88. Policy Research Working Paper. 1992.